우리 교회를 위한

아름다운 삶 시리즈

52주 구역 공과

아름다운 믿음생활

1

예수사랑

아름다운 삶 시리즈 교재의 특징

1. 성경을 관통하는 핵심 주제

성경 말씀에 나타나는 다양한 주제들을 정리하여 심도 있게 설명한다.

2. 본문 중심의 깊이 있는 말씀

짧지만 본문을 기본으로 깊이 있는 말씀을 조리 있게 해설한다.

3. 탄탄한 교리에 바탕을 둔 해설

성경의 다양한 교리들을 정리하여 우리에게 꼭 필요한 핵심들을 전달한다.

4. 1년을 위한 구역 공부

매월에 맞춰 편성함으로써 교회에서 1년간 사용할 수 있도록 했다.

5. 모두가 인도할 수 있는 쉬운 설명

어느 누구나 인도자가 되어 구역 공부를 인도할 수 있도록 일상적인 용어를 사용한다.

6. 성경이 증거로 따르는 교재

각 과의 부분마다 성경 본문을 제시하여 함께 읽으며 그 증거를 찾아볼 수 있게 한다.

7. 삶과 밀접한 적용

다양한 적용들을 제시함으로써 성도들이 함께 생각하고 적용할 수 있도록 한다.

사용방법

1. 제시된 성경 구절을 찾아 읽는다.

2. 함께 찬양을 한 후 기도를 한다.

3. 인도자가 '마음 열기'를 읽고 지정된 담당자가 각 부분과 해당 성경 구절을 읽는다.

4. 느낀 점이 있는지 서로 간략하게 나눈다.

5. 인도자는 '생각 나누기'를 하나씩 질문하여 교훈과 실천해야 할 사항을 나누게 한다.

6. 인도자는 마지막으로 내용을 정리한 후 함께 기도하고 대표 기도로 마친다.

Contents

1월

출발의 달

chapter 1 삶의 각오

chapter 2 변하지 않는 표준

chapter 3 그리스도의 제자

chapter 4 경기자의 정신

chapter 5 교회부흥

Date.

chapter 1

삶의 각오

성경 | 빌 1:20~21(p.318)

찬송 | 310(통410), 452(통505)

마음 열기

인생은 유한합니다. 그러나 많은 사람이 인생을 착각하며 낭비하고 있습니다. 바울 사도는 자신의 마지막 날을 알고 삶의 목적을 분명히 하였던 사람입니다(딤후 4:6~8). 우리는 말씀을 통해 믿음의 선배요 승리자였던 바울 사도가 하나님 앞에서 가졌던 삶의 각오를 살펴볼 것입니다. 우리도 그와 같은 마음으로 살 때 승리하는 삶이 될 것이 확실하기 때문입니다.

1. 성도는 부끄럽지 않는 삶을 살아야 합니다(20절).

지금 바울은 로마 감옥에서 편지를 쓰고 있습니다. 고통스러운 감옥에 있으면서도 당당하게 말합니다. 그는 재판을 통해 속히 풀려나기를 기대하지 않습니다. 오히려 복음을 위해 옥에 갇히게 된 것을 당연한 일로 받아들입니다(20절). 나아가 복음을 위해 받는 고난을 마땅하다고 자랑스럽게 이야기합니다(고후 11:23~30).

믿음의 선배 바울 사도의 기준에서 부끄러운 일은 무엇일까요? 그것은 양심을 속이며 게으르게 삶을 허비하고 자신의 안락을 위해 불의하게 사는 삶일 것입니다.

바울 사도는 진행 중인 재판의 결과가 어떠하든 이후로도 오직 그리스도의 영광만을 위해 살겠다고 고백합니다.

우리에게도 복음 앞에서 부끄러움이 없는 신앙생활이 필요합니다. 지금까지 살아오면서 양심을 속이며 믿음을 팔고 불의와 타협하며 현실의 만족만을 위해 살아왔다면, 지금 즉시 회개하고 돌이켜야 합니다. 세상에 속임을 당하는 것 같아도 믿음으로 진실하게 살며 복음에 부끄럽지 않는 성도가 되어야 합니다.

말씀 읽기 고후 11:20~30

2. 성도에게는 담대하게 살겠다는 고백이 있어야 합니다(20절).

다메섹 도상에서 주님을 만난 바울은 자신의 생명까지 모두 바친다는 각오로 예수 그리스도의 복음 증거에 최선을 다해 왔습니다. 그가 법정에 섰을 때도 이 생각에는 변함이 없었습니다. 그는 재판의 결과가 어떠하든지 복음을 담대히 전할 기회만을 찾고 있었습니다(20절 하).

그는 언제나 "내가 달려갈 길과 주 예수께 받은 사명 곧 하나님의 은혜의 복음을 증언하는 일을 마치려 함에는 나의 생명조차 조금도 귀한 것으로 여기지 아니하노라"(행 20:24)라고 고백하였습니다. 그렇기에 그는 아그립바 왕과 베스도 총독 앞에서도 복음을 전하였으며 자신이 결박된 것 외에는 자신과 같이 되기를 원한다고 담대히 외쳤습니다(행 26:29).

우리도 복음을 증언하기 위해 담대히 살아야 합니다. '아멘'이 요구될 때 '아멘'으로 고백하고, 거짓과 잘못된 세상에 대해서는 담대히 '아니오'라고 해야 합니다. 우리는 하나님 말씀을 붙잡고 기도하며 이와 같은 용기를 달라고 요청해야 할 것입니다. 성령님은 우리 마음에 담대함을 주실 것입니다.

말씀 읽기 눅 12:8; 요 16:33

3. 성도에게는 주님과 동행하겠다는 각오가 필요합니다(21절).

"내게 사는 것이 그리스도니"(21절)라는 말은 단순히 그리스도를 위해 사는 삶이나 그리스도가 삶의 구원이라는 말이 아니라, 나의 삶 자체가 그리스도라는 의미입니다. 곧 그리스도께서 나의 삶을 친히 주장하신다는 고백입니다. 믿기 전에는 내 생각 내 방법으로 살았으나 이제 예수 그리스도와 영적으로 하나 된 삶을 산다는 말입니다.

우리 믿음의 성도들 역시 이와 같이 신앙생활을 해야 합니다. 우리는 육신의 목숨에 연연하지 않았던 믿음의 선진들을 기억합니다. 세상의 어떤 것도 하나님을 향한 그들의 믿음을 끊지 못했습니다. 설령 그것이 죽음이라 할지라도 하나님과 함께 살아가는 그들에게 아무런 두려움이 되지 못했습니다(히 11:37~38).

사도 바울은 고백합니다. "내가 그리스도와 함께 십자가에 못 박혔나니 그런즉 이제는 내가 사는 것이 아니요 오직 내 안에 그리스도께서 사시는 것이라 이제 내가 육체 가운데 사는 것은 나를 사랑하사 나를 위하여 자기 자신을 버리신 하나님의 아들을 믿는 믿음 안에서 사는 것이라"(갈 2:20). 그는 자신의 고백처럼 남들이 우러러보는 가문과 학벌과 직위를 배설물로 여기며 그리스도와 하나 된 그의 삶을 자랑하였습니다.

말씀 읽기 히 11:32~40

생각 나누기

01 그리스도와 연합한다는 것은 무엇을 의미합니까?

02 그리스도와 연합하기 위해서 우리가 해야 할 각오는 무엇일까요?

03 나에게 아직까지 부족한 모습은 무엇인지 고백하고 결단의 기도를 합시다.

Date.

chapter 2

변하지 않는 표준

성경 | 딤후 3:15~17(p.346)

찬송 | 200(통235), 202(통241)

마음 열기

세상을 살아가는 모든 일에는 일정한 규칙이 있습니다. 규칙은 지킬 때 많은 유익이 있지만 어길 때는 엄청난 피해를 가져옵니다. 이는 하나님의 백성도 동일합니다. 지켜야 할 규칙이 있기 때문입니다. 우리는 오늘 본문을 통해 하나님의 백성들이 지켜야 할 규칙의 표준을 알아보고 이를 통해 교훈을 받고자 합니다.

1. 성경은 구원에 이르게 하는 표준입니다(15절).

인간의 죽음은 필연입니다(히 9:27). 많은 사상가들이 죽음에 대해 고민해 왔지만 결코 해결할 수 없었습니다. 그러나 성경은 유일한 해결책을 제시합니다(15절). 예수님은 "내가 곧 길이요 진리요 생명이니 나로 말미암지 않고는 아버지께로 올 자가 없느니라"(요 14:6)고 말씀하셨습니다. 또한 사도행전은 "다른 이로써는 구원을 받을 수 없나니 천하 사람 중에 구원을 받을 만한 다른 이름을 우리에게 주신 일이 없음이라"(행 4:12)고 하였습니다. 이와 같이 우리로 구원에 이르도록 가르치는 것은 오직 성경입니다. 성경은 또한 예수님을 하나님의 아들이라고 증언합니다(행 9:20; 마 16:16). 이 말씀들을 통해 우리는 길 되시는 예수님을 통해야만 하나님 나라에 들어갈 수 있다는 진리를 알 수 있습니다. 또한 성경은 "믿음은 들음에서 나며 들음은 그리스도의 말씀으로 말미암았느니라"(롬 10:17)고 하였습니다. 결국은 말씀을 통해 믿음이 생기고 믿음으로 하나님의 나라에 들어갈 수 있다는 진리입니다. 우리 인생의 최대, 최고의 과제가 구원인데 성경은 구원에 이르게 하는 불변의 규칙입니다.

말씀 읽기 시 119:116~117

2. 성경은 교육에 유익한 표준입니다(16절).

많은 책이 인간 교육에 대해 말하고 있지만 성경만큼 분명하지 않습니다. 성경은 하나님의 감동으로 되었기에 '교훈과 책망과 바르게 함과 의'로 교육하기에 유익합니다(16절).

또한 성경은 죄를 발견하는 현미경이며 죄를 해부하는 칼입니다. 성경은 "하나님의 말씀은 살아 있고 활력이 있어 좌우에 날선 어떤 검보다도 예리하여 혼과 영과 및 관절과 골수를 찔러 쪼개기까지 하며 또 마음의 생각과 뜻을 판단"한다고 말씀합니다(히 4:12). 성경은 죄를 깨뜨리는 방망이입니다(렘 23:22). 성경은 죄를 사르는 불입니다(렘 23:29). 성경은 죄를 맑게 하는 잿물입니다(말 3:2). 그러므로 하나님의 말씀인 성경을 배우고 이를 삶에 적용하는 그리스도인은 경건한 모습으로 성장하고 세상 사람들이 부러워하는 훌륭한 인격자가 될 것입니다. 성경은 우리를 인간답게 살게 하는 유일한 규칙입니다. 성경 이외에는 없습니다.

말씀 읽기 롬 15:4~6

3. 성경은 하나님의 사람으로 온전케 하는 표준입니다(17절).

아담의 후손인 인간은 예외 없이 모두 전적으로 부패하고 불완전합니다. 본문 17절에 '온전케'라는 말이 나옵니다. 이 말은 '완전히 적합한' 혹은 '완전히 공급되고 구비된'이란 뜻입니다. 이 말은 부패하고 타락해서 하나님의 뜻에 합하지 않고, 그 나라에 들어갈 자격을 상실한 인간이 유일하게 구원의 길을 밝혀 주는 성경을 통해 다듬어지고 훈련되어, 하나님 쓰시기에 적합한 사람으로 인정을 받고 쓰임을 받는다는 것입니다.

우리가 하나님의 뜻을 발견하고 그 뜻에 맞추어 생활하려면 성경을 통해 하나님의 능력을 힘입어야 합니다. 시편은 "청년이 무엇으로 그의 행실을 깨끗하게 하리이까 주의 말씀만 지킬 따름이니이다"(시 119:9)라고 하였고 "주의 말씀은 내 발에 등이요 내 길에 빛이니이다"(시 119:105)라고 하였습니다. 잠언은 "내 아들아 네 아비의 명령을 지키며 네 어미의 법을 떠나지 말고 그것을 항상 네 마음에 새기며 네 목에 매라 그것이 네가 다닐 때에 너를 인도하며 네가 잘 때에 너를 보호하며 네가 깰 때에 너와 더불어 말하리니 대저 명령은 등불이요 법은 빛이요 훈계의 책망은 곧 생명의 길이라"(잠 6:20~23)고 하였습니다.

성경은 우리의 삶을 온전케 하는 길잡이요, 채찍질하는 방망이입니다.

탕자 어거스틴은 "밤이 깊고 낮이 가까웠으니 그러므로 우리가 어둠의 일을 벗고 빛의 갑옷을 입자 낮에와 같이 단정히 행하고 방탕하거나 술 취하지 말며 음란하거나 호색하지 말며 다투거나 시기하지 말고 오직 주 예수 그리스도로 옷 입고 정욕을 위하여 육신의 일을 도모하지 말라"(롬 13:12~14)는 성경 말씀을 통해 죄 된 삶을 씻어 버리고 참 하나님께서 원하시는 아름다운 삶을 살았습니다. 성경은 우리의 어두운 심령을 밝혀 주고 감동시켜서 새 사람으로 변화시켜 줍니다.

말씀 읽기 엡 4:11~15

생각 나누기

01 성경이 나의 삶에 주었던 유익이 있으면 고백해 봅시다.

02 당신은 성경의 능력을 얼마나 믿고 있습니까?

03 성경을 사랑하고 묵상하기 위한 당신의 계획은 무엇입니까?

Date.

chapter 3

그리스도의 제자

성경 | 마 19:16~22(p.32)

찬송 | 400(통463), 401(통457)

마음 열기

제자는 스승을 좇아 그 길을 따라 가는 사람입니다. 제자는 스승을 따르기 위해서 그에 합당한 자격을 갖춰야만 합니다. 우리는 예수 그리스도의 제자로서 주님이 요청하는 그 자격을 갖춰야 합니다. 주님이 우리에게 요청하는 제자의 자격은 무엇일까요?

1. 그리스도의 제자는 계명을 지킵니다.

본문에 한 부자 청년이 등장합니다. 그는 영생의 길을 알고자 예수님을 찾아왔습니다. 영생의 길을 묻는 그에게 예수님은 계명들을 지키라고 말씀하십니다. 예수님이 말씀하신 '지키라'(테레오)는 적의 침입에 대해 '파수하다'(마 28:4), 귀중한 물건을 '보존하다'(요 2:10)라는 뜻을 가지고 있습니다. 사람들은 자신의 생명을 지키기 위해서 모든 방법과 모든 지혜를 동원합니다. 이를 볼 때 예수님이 말씀하신 '지킨다'는 능동적으로 온 힘을 다해 계명을 이행하려는 자세를 함축하고 있다고 할 수 있습니다.

그러나 부자 청년의 대답은 다릅니다. 청년은 '지키었다'(퓔랏소)고 대답합니다. 이것은 '수호하다', '피하다', '감시하다'라는 뜻으로 율법에 어긋나지 않으려는 소극적인 자세를 의미합니다.

이를 볼 때 예수님은 율법을 적극적으로 해석하여 그 정신을 지키라고 한 반면, 이 청년은 이를 소극적으로 받아들여 의식적으로만 지켜 왔음을 알 수 있습니다. 여기서 천국 시민에 적합한 자는 적극적으로 말씀을 지켜가는 자입니다.

예수님은 "네 마음을 다하고 목숨을 다하고 뜻을 다하여 주 너의 하나님을 사랑하라"(마 22:37)고 말씀하십니다. 이것은 믿음의 성도들이 지켜야 할 첫째 계명입니다.

말씀 읽기 마 22:37

2. 그리스도의 제자는 온전케 되도록 힘씁니다.

주님은 부자 청년에게 재물을 팔아 가난한 자에게 주어 '온전케 되라'고 말씀하셨습니다. '온전하다'(텔레이오스)는 '부족함이 없이 모든 부분이 다 갖추어졌다'는 의미입니다. 우리 스스로는 온전케 될 수가 없습니다. 우리는 다만 주님을 통해서 온전하게 설 수 있습니다.

주님의 말씀을 따르면 부자 청년에게는 하늘나라 시민으로서 부족한 것이 있었습니다(막 10:21). 주님의 말씀을 들은 부자 청년은 자신의 부족한 점을 깨닫게 되었습니다. 우리들도 부족한 점이 없는지 질문해야 합니다. 그리고 그 부족한 점을 알았을 때에 후히 주시고 꾸짖지 않으시는 하나님 아버지께 구해야 합니다(약 1:5). 주님은 우리의 부족한 점들을 넘치게 채워 주실 것입니다.

또한 주님은 "하늘에 계신 너희 아버지의 온전하심과 같이 너희도 온전하라"(마 5:48)고 말씀하셨습니다. 오늘날 교회와 우리는 하나님이 원하시는 온전함을 이루는 믿음의 성도가 되어야 합니다. 온전한 삶을 통해서 그리스도의 제자가 되는 축복을 누리며 승리하는 믿음의 성도들이 될 것입니다. 주님의 나라를 위해 세상과 싸우는 여러분을 그리스도의 제자라 부를 것입니다.

말씀 읽기 마 5:48

3. 그리스도의 제자는 현실의 문제에 안주하지 않습니다.

부자 청년은 예수님의 말씀으로 자신에게 부족한 것이 무엇인지 알았습니다. 그러나 재물이 우상이 되어 버린 그는 그 유혹을 떨쳐 버리지 못했습니다. 그는 매우 근심하였습니다. '근심하다'(뤼페오)는 '매우 슬퍼하며 고통스러워한다'(고후 2:5)는 뜻입니다. 이는 둘 중 하나를 고르기 위해 애쓰며 괴로워했다는 것을 뜻합니다. 극심한 고통으로 마음이 비탄에 잠긴 것입니다.

주님은 그리스도의 제자인 우리가 이 세상을 살아가면서 주님만을 제일 사랑할 것을 말씀하십니다. 주님보다 더 사랑하는 것이 있어서는 안 됩니다. 이 세상의 모든 것은 오직 주님을 위해 사용하는 도구가 되어야 합니다. 그렇지 않고 주님이 주신 것에 마음을 두면 그 자체가 우리에게 큰 고통을 안겨 줍니다.

사도행전에 아나니아와 삽비라 부부가 나옵니다. 이들은 세상의 재물에 집착해 재물과 함께 죽임을 당했습니다(행 5:5). 주님은 우리 자신을 지켜 우상에서 멀리하라고 하십니다(요일 5:21). 바울은 돈을 사랑함이 일만 악의 뿌리가 된다고 경고하며 돈을 사모하는 자들은 미혹을 받아 믿음에서 떠났다고 말합니다(딤전 6:10). 그리스도의 제자는 이 세상을 사랑하여 근심해서는 안 됩니다. 오직 주님을 제일로 사랑하여 주님의 뜻을 이루어 나가야 합니다.

말씀 읽기 고후 7:10

생각 나누기

01 그리스도의 제자로서 우리가 지켜야 할 첫째 계명은 무엇입니까?

02 그리스도의 제자가 되기에 부족한 점이 있다면 무엇이라고 생각하십니까?

03 주님을 제일 우선순위로 살아가고자 할 때 겪는 어려움은 무엇일까요?

Date.

chapter 4

경기자의 정신

성경 | **고전** 9:24~27(p.274)

찬송 | 348(통388), 350(통393)

마음 열기

우리는 경기장에서 달리기하는 경주자와 같습니다. 우리가 달리기를 마칠 때 우리를 위해 영원히 썩지 아니할 면류관이 준비되어 있습니다. 그 면류관을 쓰기까지 우리는 어떤 정신과 태도로 경기에 임해야 할까요? 사도 바울의 말씀을 통해 그 교훈을 살펴보고자 합니다.

1. 최선의 노력을 기울여야 합니다(24절).

경기에서 상을 받는 자는 오직 한 명이기에 경주자는 상을 받기 위해 최선을 다합니다. 신앙의 경주도 이와 동일합니다. 우리도 상을 받기 위해서 최선을 다해야 합니다. 모든 얽매이기 쉬운 죄를 벗어 버리고 인내함으로써 최선을 다해 달려야 합니다(히 12:1). 신앙의 경주는 긴 장거리입니다. 그만큼 인내가 필요합니다. 낙심하지 않고 끝까지 최선을 다할 때 하늘의 면류관을 바라볼 수 있게 될 것입니다.

참된 신앙의 경주는 교회 밖입니다. 교회 안에서 우리가 해야 할 일은 잘못된 습관과 죄를 버리고, 강력한 말씀으로 단련하며, 기도 가운데 성령님의 권능을 받아 세상에서 경주할 준비를 하는 것입니다. 만일 교회 안에서만 최선을 다하고 교회 밖에서 아무것도 하지 않는다면 우리의 신앙의 경주는 실패가 될 것입니다.

말씀 읽기 딤전 4:15~16

2. 모든 일에 절제해야 합니다(25절).

'절제'는 극기를 의미합니다. 경기자는 경기를 앞두고 음식과 쉼을 조절하며 오락과 향락을 제한해야 합니다. 운동선수는 경기에 참가하기 전 강한 훈련을 받습니다. 그러나 경기 전날에는 이 또한 무리하지 않고 절제합니다.

성도는 말을 절제해야 합니다. 말이 많으면 실수가 많습니다. 말은 적게 하고 정확해야 합니다. 분명한 근거가 있어야 합니다. 말이 많은 사람은 온전히 섬길 수 없습니다. 더러운 말을 입 밖에도 내지 않도록 절제해야 합니다.

성도는 육신의 욕심을 절제해야 합니다. 육신의 양식은 몸에 도움이 되지만 이 또한 절제하지 못할 때 영적 생활을 어둡게 하는 장애가 되기도 합니다. 육신의 양식은 절제하고 영의 양식은 풍부하게 섭취해야 영적인 생활에서 승리하게 됩니다.

성도는 육신의 정욕을 절제해야 합니다. 마음속에 육신의 정욕이 일어나는 것은 어찌할 수 없습니다. 이를 절제할 수 있게 해 주시는 분은 성령님이십니다. 우리가 영적인 훈련에 힘써 육신의 정욕이 일어날 틈을 주지 말아야 합니다. 요셉처럼 육신의 정욕을 피해야 영적 생활에서 승리하게 됩니다.

말씀 읽기 엡 5:3~4

3. 분명한 목표를 가지고 경주에 임해야 합니다(26절).

경기자는 분명한 목표를 가지고 있어야 합니다. 한쪽으로 치우쳐서는 안 됩니다. 바울은 자신의 노력이 맹목적이지 않음을 분명하게 밝힙니다.

분명한 목표가 없으면 삶이 흔들리게 됩니다. 우리는 분명한 목표를 정하고 그 목표를 향해 달려가야 합니다. 우리의 목표는 예수 그리스도입니다. 우리가 예수 그리스도를 향해 달려가지 않는다면 가장 중요한 영원한 생명을 얻지 못하게 될 것입니다.

마태복음 19장에 등장한 부자 청년은 영생을 얻기 위해 예수님께 나아갔습니다. 그러나 예수님과 재물 중 선택해야 하는 중요한 결정에서 결국 재물을 포기하지 못했습니다. 재물이나 명예, 이 세상의 권력이 우리의 목표가 아닙니다. 예수 그리스도만이 우리 삶의 목표입니다. 재물은 확고하지 않습니다. 이 세상에서 언제 어떻게 될지 모르는 덧없는 것입니다. 성경은 이처럼 정함이 없는 재물에 관심을 기울이지 말라고 권고합니다(딤전 6:17).

우리는 예수님을 위해 세상의 보물과 자존심을 버리는 믿음의 결단을 해야 합니다. 우리 목표를 예수님으로 삼고 따를 때만 믿음의 상급인 하늘의 면류관을 얻게 될 것입니다.

말씀 읽기 마 14:22~30

생각 나누기

01 신앙의 경주를 하지 못하게 얽매는 우리의 죄의 습관들은 무엇일까요?

02 신앙의 경주를 위해 우리가 절제해야 할 것들은 무엇일까요?

03 목표를 정한 삶과 그렇지 않은 삶은 어떻게 다를까요? 예수 그리스도를 우리의 목표로 삼을 때 우리의 삶은 어떻게 달라질까요?

Date.

chapter 5

교회 부흥

성경 | 행 11:19~26(p.207)

찬송 | 197(통178), 208(통246)

마음 열기

오늘날 대부분의 교회는 큰 부흥을 꿈꾸며 여러 방면으로 갖은 노력을 다하지만 부흥은 쉽게 이루어지지 않습니다. 성경에 나타난 안디옥 교회는 우리가 꿈꾸던 놀라운 부흥과 성장을 이룬 교회로서 영적 부흥의 역사를 제시합니다. 이는 우리에게 큰 도전이 될 것입니다.

1. 전적으로 하나님의 손에 달려 있습니다(21절).

부흥이 하나님 손에 달려 있다는 것은 원론적인 말이지만 그럼에도 이는 부흥의 참된 원동력입니다. 오순절 성령강림 이전에 제자들은 나약했습니다. 그러나 성령 충만을 받고 난 후 제자들은 더 이상 연약하지 않았습니다. 그들은 어디서든 주 예수 그리스도의 복음을 담대히 외쳤습니다. 그러자 하루에 3,000명 혹은 5,000명이 주께 돌아오는 큰 부흥의 역사가 일어났습니다. 제자들의 지혜와 힘 때문이 아닙니다. 바로 하나님의 손길이 그들에게 임했기 때문입니다.

바울도 이방 여러 곳에 교회를 설립했지만 이 역시 그의 능력이 아닌 다메섹 도상에서 그를 만나 주신 예수님이 하신 일입니다. 주님은 바울을 "내 이름을 이방인과 임금들과 이스라엘 자손들에게 전하기 위하여 택한 나의 그릇"(행 9:15)이라고 하셨습니다. 우리는 주님의 손에 쓰임을 받는 그릇에 불과합니다. 일은 주님이 하십니다.

성경은 "만군의 여호와께서 말씀하시되 이는 힘으로 되지 아니하며 능력으로 되지 아니하고 오직 나의 영으로 되느니라"(슥 4:6)고 말씀합니다. 어려운 환경 가운데서도 안디옥 교회는 날로 부흥의 역사가 일어났습니다. 바로 주님의 손이 그들과 함께하였기 때문입니다.

말씀 읽기 신 3:24

2. 마음을 넓힐 때 교회는 부흥하며 성장합니다(20절).

유대인들에게만 복음을 전하던 유대인들이 이방인들에게도 복음을 전하는 일이 일어났습니다(20절). 그리고 그 이방인들은 이 복음을 받아들였습니다. 여기에서 한 가지 교훈을 얻을 수 있는 것은 '마음을 넓힐 때 부흥이 온다'는 사실입니다.

유대인들이 마음을 넓히지 못하고 유대인만을 상대로 복음을 전하고 있을 때, 구브로에서 온 사람들은 마음을 넓혀 헬라인에게까지 복음을 전파하였습니다. 그랬더니 헬라인들 속에서도 복음의 역사가 일어났습니다. 우리 성도들은 이와 같이 넓은 마음을 가져야 합니다. 예수 그리스도의 피 흘리심은 나만을 위한 것이 아닙니다. 땅 끝에 있는 모든 사람을 위함입니다.

예수 그리스도 안에서 우리는 동서를, 남북을 구분해서는 안 됩니다. 빈부귀천이나 남녀노소를 차별해서는 안 됩니다. 그리스도 안에서는 모두가 한 형제요, 한 자매입니다.

교회의 부흥도 예수 그리스도의 마음을 품고(빌 2:5) 더 넓은 시야를 갖고 사람들에게 사랑으로 복음을 전할 때 하나님께서 역사하십니다.

말씀 읽기 고후 6:13

3. 착하고 성령 충만한 사람이 있을 때 부흥합니다(24절).

안디옥 교회가 든든히 서 갈 때 예루살렘 교회에서는 정식 목회자를 안디옥 교회에 파송했습니다. 그리고 바나바가 안디옥 교회에 온 이후로 그곳에는 더 큰 부흥이 일어났습니다. 이것을 통해 우리는 바나바가 어떠한 사람인지 알 필요가 있습니다.

본문 24절은 "바나바는 착한 사람이요 성령과 믿음이 충만한 사람이라 이에 큰 무리가 주께 더하여지더라"고 말씀합니다. 이 말씀을 통해 우리는 그가 은혜가 충만한 사람이란 것을 알 수 있습니다. 그는 성령의 지배를 받았습니다. 또한 그는 착한 사람이었습니다. 이것은 그가 관용이 많고 어질며 본성이 착하다는 의미입니다. 이런 지도자가 있었기에 안디옥 교회는 거듭된 부흥을 일으킬 수가 있었습니다.

바울 역시 많은 교회에 편지를 보낼 때 인사말 서두에 항상 주의 은혜가 있기를 바란다고 기록했습니다(참조, 롬 1:7; 고전 1:3; 몬 1:3; 갈 1:3; 엡 1:2; 빌 1:2). 바울은 다메섹도상에서 하나님의 은혜를 체험한 인물입니다. 복음을 증언하는 삶 가운데서도 자신에게 하나님이 항상 은혜를 주신다는 사실을 알고 있었습니다. 그러기에 그는 모든 교회에게 주님의 은혜와 평강이 있기를 진심으로 간구하고 있는 것입니다.

이와 같은 은혜의 성도들이 교회에 넘칠 때 하나님은 교회가 구원의 방주 역할을 할 수 있도록 부흥의 역사를 일으켜 주신다는 사실을 기억하시기 바랍니다.

말씀 읽기 행 6:5

생각 나누기

01 주님이 함께하시는 교회가 되기 위해 우리가 드려야 할 중요한 고백은 무엇일까요?

02 우리 교회가 넓혀야 할 시야는 무엇일까요?

03 바나바는 어떻게 사람들과 주님께 인정받는 사람이 되었을까요? 그가 가진 중요한 장점은 무엇일까요?

2월

헌신의 달

Date.

chapter 6

주께 합당한 일꾼

성경 | **딤후 2:15(p.344)**

찬송 | **321(통351), 450(통376)**

마음 열기

누구에게 평가를 받아 훌륭한 사람으로 인정받는다는 것은 참으로 좋은 일입니다. 그러나 사람에게 인정받는다고 해서 만유의 통치자이신 하나님 앞에서도 훌륭한 일꾼으로 인정받을 수 있는 것은 아닙니다. 하나님 앞에서 인정받는 일꾼이 되기 위해서는 어떻게 해야 하겠습니까?

1. 진리의 말씀을 옳게 분변해야 합니다.

하나님께 인정받는 일꾼이 되기 위해서는 무엇보다 하나님의 말씀을 옳게 분변할 수 있어야 합니다(히 5:14). 아무리 실력 있는 운동선수라고 하더라도 정해진 규칙에서 벗어나면 결코 우승할 수가 없습니다. 우리의 표준은 하나님 말씀입니다. 따라서 우리가 하나님께 인정받는 일꾼이 되기 위해서는 진리와 생명인 하나님 말씀을 올바르게 분별하고 실천해야 합니다.

다윗은 하나님의 말씀을 사랑하여 그 말씀을 평생 묵상하며 살았습니다. 그러하였기에 다윗은 하나님께 '내 마음에 합한 사람'이라는 인정을 받을 수 있었습니다. 어른과 어린아이의 차이는 분별력의 유무입니다. 분별력이 부족한 어린아이는 시행착오를 거듭할 수밖에 없습니다. 마찬가지로 우리가 진리의 말씀을 옳게 분변하지 못하고 헛된 것을 추구한다면 신앙의 어린아이로서 주님의 일을 감당할 수 없습니다. 진리와 생명의 말씀을 분별해 삶 속에 구체적으로 적용할 수 있을 때 하나님이 인정하시는 참된 일꾼이 될 수 있습니다.

말씀 읽기 딤후 3:14~17

2. 부끄러울 것이 없어야 합니다.

사람에게 있어 자신의 삶을 어떻게 평가해야 하는가는 가장 중요한 일입니다. 사람들은 지식, 경제력, 능력, 또는 외모 등을 평가 기준으로 삼습니다. 그러나 하나님의 평가 기준은 다릅니다. 하나님은 그의 마음과 자세 그리고 겸손한 순종과 성실함을 보십니다.

사울은 처음에는 하나님의 인정을 받았던 겸손한 사람이었습니다. 그러나 왕이 되고 난 후에는 교만하게도 하나님의 말씀을 어겼습니다. '아말렉을 완전히 진멸하라'는 하나님의 말씀을 온전히 순종하지 않고 이익에 따라 움직였습니다. 세상적인 눈으로 볼 때는 사울의 판단이 옳은 것 같습니다. 하지만 하나님이 보시기에는 불순종이었습니다. 우리는 어떠한 일을 행할지라도 하나님이 보시기에 부끄러울 것이 없는 자가 되어야 합니다. 성결한 마음으로 하나님 말씀에 순종하며 맡기신 일에 최선을 다해야 합니다. 그럴 때 하나님께 잘했다 칭찬을 받게 될 것입니다. 그 일이 비록 나에게 어떤 이익이 없을 것 같을 지라도, 때로는 내가 높여지지 못하고 낮아지게 될지라도 아멘으로 순종할 때 하나님께 참된 일꾼으로 인정받게 될 것입니다.

말씀 읽기 빌 1:12~21

3. 자신을 하나님께 드리기를 힘써야 합니다.

하나님의 일꾼은 하나님께 나를 바치는 삶을 살아야 합니다. 자신의 만족을 위함이 아니라 오직 주인이신 하나님을 위해 자신을 바치고 헌신할 때 하나님께 충성된 일꾼이라 인정받을 수 있게 됩니다.

사도 바울도 "너희 몸을 하나님이 기뻐하시는 거룩한 산 제물로 드리라"(롬 12:1)고 했습니다. 또한 그는 "만일 너희 믿음의 제물과 섬김 위에 내가 나를 전제로 드릴지라도 나는 기뻐하고 너희 무리와 함께 기뻐하리니"(빌 2:17)라고 말하였습니다. 시간과 물질과 재능과 몸을 하나님께 바치는 삶을 살게 될 때 우리는 하나님께 상급과 영광을 받는 일꾼이 될 것입니다. 그렇기 때문에 우리는 모두 생명의 근원이시며 인생의 주관자가 되시는 하나님께 자신을 드리고 모든 영광을 돌리는 하나님의 귀한 일꾼이 되어야 할 것입니다.

우리 모든 사람은 하나님 앞에 서게 될 날이 있습니다. 이 땅 위에서의 삶이 그때에 밝히 드러나게 될 것입니다. 그리고 그때 충성된 일꾼으로 인정된 자에게는 상급이, 그렇지 못한 자에게는 엄한 책망이 있을 것입니다(고후 5:10). 그러므로 우리는 진리의 말씀을 옳게 분변하고 부끄러울 것이 없는 일꾼이 되어 우리 자신을 하나님 앞에 드리기에 힘써야 합니다. 이것이 하나님 앞에 인정받는 일꾼이 되는 비결입니다.

말씀 읽기 눅 17:10

생각 나누기

01 하나님의 말씀을 분변하고 실천하기 위해 우리는 어떤 노력을 해야 할까요?

02 하나님을 평가 기준으로 삼게 된다면 오늘 우리의 삶은 어떻게 달라질까요?

03 하나님께 나를 드리는 살아 있는 제사가 되기 위해 우리는 오늘 어떻게 살아야 할까요?

Date.

chapter 7

하나님께 충성한 아사헬

성경 | 삼하 2:18~23(pp.465~466)

찬송 | 95(통82), 94(통102)

마음 열기

성도 여러분의 마음의 중심은 어디에 있습니까? 진정한 그리스도인들은 마음 중심이 예수 그리스도에게만 있어야 됩니다. 우리는 자신의 일에 충성을 다한 아사헬의 모습을 살펴보면서 하나님의 종된 자로서의 몇 가지 교훈을 얻어야 합니다.

1. 장점을 살려 충성한 아사헬입니다.

아사헬은 다윗의 군대장관인 요압의 동생입니다. 그는 발이 매우 빨랐습니다(18절). 그는 젊고 빨랐지만 힘이나 경력으로 볼 때 아브넬의 적수가 되지 못했습니다. 그럼에도 불구하고 아사헬은 자신의 신체적 장점을 잘 활용해 전쟁에서 자신에게 맡겨진 소임에 충실했습니다.

하나님께서 우리에게 주신 각각의 장점은 무엇입니까? 종종 사람들은 나에게 없는 은사를 아쉬워하며 불평합니다. 하지만 하나님은 공평하신 하나님입니다. 우리는 하나님께서 우리에게 주신 은사가 무엇인지 찾아야 합니다. '나는 찬양도 못하고, 가르치는 재주도 없고, 많이 배우지도 못했기 때문에 교회에서 나를 필요로 하는 곳이 없다'고 생각하십니까? 혹은 '나는 가진 것이 없어 교회가 나를 필요로 하지 않는다'고 생각하십니까? 아닙니다. 하나님은 각자 우리에게 맞는 은사를 주셨습니다. 하나님 앞에서 결코 하찮은 은사는 없습니다. 다만 최선을 다해 섬길 때 그 은사가 빛을 발하게 됩니다. 아사헬은 자신의 장점인 빠름을 무시하지 않았습니다. 아사헬이 하나님께서 주신 은사를 알고 민감히 활용했듯이 우리도 우리의 은사를 찾아 부지런히 활용해야 합니다.

말씀 읽기 약 1:17; 벧전 4:10

2. 최선을 다해서 충성한 아사헬입니다.

그는 자신의 일에 최선을 다하는 사람이었습니다. 성경은 그를 묘사하기를 "아사헬이 그렇게 하기를 원하지 아니하고 그의 뒤를 쫓으매"(21절)라고 하였습니다. 그는 자기의 목표를 적당한 지점에서 적당히 타협하지 않았습니다. 다만 성실하고 충성스럽게 처음 정한 목표를 향해 힘을 다하여 끝까지 추격했던 것입니다. 하지만 그는 아브넬의 창에 찔려 죽임을 당했습니다. 결과적으로 본다면 아사헬을 무모하다고 할 수 있습니다. 하지만 끝까지 따라간 점을 볼 때 그는 참으로 충성스러운 사람이었다고 할 수 있습니다.

하나님이 우리에게 주신 좋은 은사가 있습니다. 우리는 그것을 자랑하는 데 그쳐서는 안 됩니다. 사랑하는 하나님을 위해 최선을 다하겠다는 마음이 없다면 은사는 무용지물입니다. 오히려 하나님이 그 열매를 찾으실 때 화가 될 수 있습니다. 그러므로 우리는 우리의 은사를 통해 하나님께 영광을 돌리기 위해 최선을 다해야 합니다. 우리는 여기서 은사보다 중요한 점이 있다는 사실을 알 수 있습니다. 바로 최선을 다하는 우리의 자세입니다.

말씀 읽기 단 6:4

3. 죽음도 불사하고 충성한 아사헬입니다.

우리는 하나님을 나의 주, 나의 하나님으로 고백하면서도 행동으로는 하나님께 전적으로 맡기지 못하는 경우가 많습니다. 나의 계산으로 확인하여 득실을 따져본 후에야 그 일을 시작합니다. 하지만 주님이 우리에게 요구하시는 헌신은 이와 다릅니다. 그것은 우리의 목숨까지 요구하시는 헌신이기 때문입니다. 아사헬은 죽음을 두려워하지 않는 충성으로 헌신하였습니다. 이처럼 우리도 우리의 생명까지도 주님께 맡겨야 합니다. 죽음을 두려워하지 않는 충성이 참된 충성입니다. 하나님은 전적으로 신뢰하는 자에게 은혜를 베푸십니다. 하나님을 굳게 믿으며 맡겨진 사명에 아사헬처럼 충성하는 성도가 되어야 할 것입니다.

말씀 읽기 계 2:10

생각 나누기

01 하나님께 받은 은사가 무엇인지 고백하며 하나님을 위해 어떤 섬김으로 헌신할 수 있을지 고민해 봅시다.

02 최선을 다하는 것이 무엇을 의미하는지 이야기를 나눠 봅시다.

03 우리가 죽음을 두려워하지 않을 수 있는 이유는 무엇입니까? 주님께 전적으로 헌신하는 자에게 어떤 은혜를 주실까요?(계 2:10)

Date.

chapter 8

하나님을 사랑하는 자의 모습

성경 | **왕상 3:3~9(p.514)**

찬송 | **8(통9), 299(통418)**

마음 열기

예수님은 우리가 목숨을 바쳐서라도 하나님을 사랑해야 한다고 말씀하셨습니다(마 22:37). 우리에게 있어 최고 사랑이 바로 하나님이시라는 말씀입니다. 우리가 하나님을 사랑해야 할 이유는 분명합니다. 우리를 창조하셨고 구원하셨으며 변함없이 우리를 사랑하시기 때문입니다. 그러면 하나님을 사랑한다는 것은 무엇입니까? 그것은 삶 속에서 하나님의 말씀을 행하는 것을 의미합니다(요 14:15, 16). 하나님을 사랑하는 사람 솔로몬(3절)의 삶을 통해 하나님을 사랑하는 사람의 삶이 어떠해야 할지를 교훈받고자 합니다.

1. 하나님을 자랑합시다.

하나님을 사랑하는 사람은 하나님을 자랑합니다. 솔로몬은 두로의 히람 왕에게 “우리 하나님은 모든 신들보다 크심이라”(대하 2:5)고 말하였습니다.

솔로몬은 위대한 왕의 권좌에 있기에 자신의 지혜, 명예, 부, 권력을 자랑할 만도 합니다. 하지만 그는 하나님을 자랑합니다. 그는 하나님을 위해 성전을 건축한다고 하며, 규례를 따라 여호와의 전에서 여호와를 섬길 것이라고 고백합니다. 또한 하늘과 하늘의 하늘이라도 주를 용납하지 못할 것이라며(대하 2:6) 하나님의 위대하심을 자랑합니다. 이 모든 말은 그가 하나님을 얼마나 사랑하는지를 잘 보여 주고 있습니다. 우리는 우리의 삶 속에서 내 동료와 이웃에게 하나님을 자랑하고 높이는가를 살펴봐야 합니다. 하나님을 자랑하지 않는 것은 하나님을 향한 내 신호등에 적신호가 들어왔다는 증거입니다.

말씀 읽기 고전 1:29~31

2. 하나님 앞에서 겸손합시다.

하나님을 사랑하는 사람은 자신에 대해 겸손합니나. 솔로몬은 어찌 보면 수많은 백성을 다스리는 한 나라의 왕으로서 자신이 성전을 건축하고 있는 것을 생각하며 우쭐해질 수도 있었을 것입니다. 하지만 솔로몬은 자신을 하나님 앞에서 종이라, 작은 아이라 여겼으며(7절), 많은 백성을 다스리기에는 자신의 능력이 부족하다는 겸손함을 가졌습니다. 그렇기에 그는 하나님께 지혜로운 마음을 달라고 간구하였습니다(9절).

이와 달리 사울은 처음에는 하나님 앞에서 지극히 겸손하였지만 왕의 자리에 오르게 되자 교만한 마음을 품었습니다. 하나님에 대한 사랑이 식어진 것입니다. 그렇기 때문에 그는 하나님의 말씀을 어겼고

자기의 잘못이 지적되어도 겸손히 굽히지 않았습니다. 결국 그는 하나님으로부터 버림을 받았습니다. 하나님은 겸손한 자는 높이시고 교만한 자는 낮추십니다. 우리가 정말 하나님을 사랑한다면 하나님의 높으심을 알고 그분 앞에 겸손할 수밖에 없을 것입니다. 또 나를 선택하셔서 하나님의 큰일을 하심에 감사와 겸손한 마음을 품게 될 것입니다.

말씀 읽기 빌 2:3; 벧전 5:6

3. 하나님께 최선을 다합시다.

하나님을 사랑하는 사람은 하나님을 위해 최선을 다합니다. 사랑이라는 속성에는 생명까지 아낌없이 주고자 하는 헌신이 포함되어 있습니다(요 15:13). 우리는 아마도 자녀를 모든 것을 다 주어도 아깝지 않을 만큼 사랑할 것입니다. 이러한 사랑은 그리스도의 구속 사건에서도 발견할 수 있습니다. 성경은 "하나님의 사랑이 우리에게 이렇게 나타난 바 되었으니 하나님이 자기의 독생자를 세상에 보내심은 그로 말미암아 우리를 살리려 하심이라"(요일 4:9)고 말씀합니다. 하나님은 우리를 사랑하시되 최선을 다해 사랑하셨습니다. 독생자 예수 그리스도를 구주로 주셔서 십자가에서 죽게 하신 것이 하나님의 최선입니다. 최선을 다하는 사랑입니다.

솔로몬 왕은 하나님께 일천 번 번제를 드렸을 뿐 아니라 최선을 다해 하나님의 성전을 건축했습니다. 외국에서 가장 좋은 백향목, 잣나무, 백단목을 수입해 오고, 자신의 모든 금, 보석을 드려서 화려하고 큰 성전을 건축해 하나님께 봉헌하였습니다. 그가 하나님을 사랑하지 않았다면, 아마 의무감으로 아무렇게나 성전을 지었을 것입니다. 하지만 그는 하나님을 위해 기쁜 마음으로 크고 화려한 성전을 지어 바쳤습니다(왕상 8:13). 우리도 하나님을 사랑한다면 하나님을 위해 어떠한 헌신도 드려야 합니다.

말씀 읽기 요 15:13

생각 나누기

01 삶 가운데 하나님을 자랑하고 있습니까? 혹시 그렇지 못하다면 그 이유는 무엇입니까?

02 상황에 따라 변하는 우리의 교만이 있다면 무엇인지 고백해 봅시다.

03 하나님이 기뻐하시는 우리의 최선의 헌신은 무엇일까요?

Date.

chapter 9

일사각오의 신앙

성경 | 에 9:20~32(pp.759~760)

찬송 | 351(통389), 357(통397)

마음 열기

페르시아에 포로로 잡혀 온 유대인들을 몰살하려는 계략이 아각 사람 하만에 의해 꾸며졌습니다. 그러나 그들을 향한 하나님의 사랑은 여전하였습니다. 하나님은 모르드개와 에스더의 일사각오의 신앙을 통해 이스라엘 백성들에게 은혜를 베푸셨습니다.

1. 일사각오의 성도는 하나님의 도움을 받습니다(3:1~6).

아각 사람 하만은 이스라엘과 대적이었던 아말렉 족속의 후예입니다. 그의 목적은 부와 명예와 영달을 누리는 것이었습니다. 하만은 아하수에로 왕의 총애를 받고 높은 지위에 올랐습니다. 그러던 그의 눈에 거슬리는 일이 생겼습니다. 바로 모르드개가 그에게 절을 하지 않았던 것입니다. 그는 기회를 만들어 모르드개를 죽이려고 했습니다. 하지만 하나님은 역으로 그의 권세와 영광을 무너뜨리시고 그와 그의 열 아들들도 죽음을 맞이하게 하셨습니다.

사람은 자기를 높이고자 합니다. 자신의 영광을 위해 계획을 세우고 달려가지만 그 결과는 실패로 결론이 납니다. 하나님의 섭리를 거역하는 일이 되기 때문입니다.

인생은 삶의 목적을 하나님께 두어야 합니다. 그렇지 않을 때 인생의 종말은 허무로 끝나고 맙니다. 아각 사람 하만의 죽음이 그 예가 됩니다.

말씀 읽기 단 6:1~28

2. 일사각오의 성도는 기도합니다(4:13~16).

에스더는 하나님 앞에서 '죽으면 죽으리라'(에 4:16)는 일사각오의 신앙을 가졌습니다. 에스더와 모르드개는 믿음으로 순교하기를 결단하였습니다.

우리 민족사에도 일사각오의 정신으로 신앙을 지키며 하나님께 나아간 분이 있습니다. 바로 주기철 목사님입니다. 목사님은 일본 경찰의 고문 속에서도 하나님을 부인하지 않으며 하나님의 영광을 위해 생을 살게 해달라고 기도하셨습니다. 일사각오의 신앙은 심한 고문 속에서도 하나님을 부인하지 않도록 주님이 붙잡아 주셨습니다. 그 일사각오의 신앙 가운데 주님이 그와 함께하신 것입니다.

우리는 하나님만을 의뢰해야 합니다. 하나님께 도움을 요청해야 합니다. 역사적인 위기에 봉착한 지금 우리가 해야 할 일은 일사각오의 믿음으로 하나님께 나아가 사생결단으로 간구하는 것입니다. 하나님을 신뢰할 때 역사가 일어납니다. 하나님은 의지하는 자에게 실제적인 도움을 주시기 때문입니다. 우리가 희생과 헌신을 온전히 드릴 때 우리는 하나님의 보좌를 움직일 수 있습니다.

말씀 읽기 에 4:1~17

3. 일사각오의 성도는 구원 역사의 도구가 됩니다(8:1~17).

하나님은 인류 역사와 국가의 운명을 주장하십니다. 하만은 부림절에 유대 민족을 진멸하기 위한 계략을 갖고 있었습니다. 그러나 역사의 주관자가 되시는 하나님은 하만의 계획을 무용지물로 만들어 놓으셨고 상황을 역전시키셨습니다. 에스더의 죽음을 각오한 믿음을 보시고 구원의 기적을 일으키신 것입니다(에 9:20~32). 이 사건은 역사의 최후 승리가 하나님의 손에 있다는 것을 보여 줍니다. 하나님을 의뢰하는 자만이 최종적인 승리를 소유할 수 있습니다.

그러면 21세기를 살아가는 우리의 사명은 무엇입니까?

첫째 신앙을 가져야 합니다. 하만이 자기 영광을 신뢰했을 때 그는 나무에 달려 죽었습니다. 그러나 모르드개와 에스더가 하나님을 신뢰했을 때 위기의 순간에 죽음 앞에서 하나님의 도우심으로 구원을 받았습니다.

둘째 금식하며 기도하여야 합니다. 에스더와 모르드개는 민족을 위해 금식하며 하나님께 기도하였습니다. 역사의 위기에 봉착해 있는 우리 민족이 지금 해야 할 일은 금식하며 기도하는 것입니다. 마음을 찢으며 기도하는 것입니다. 이것만이 우리가 하나님께 긍휼하심을 얻을 수 있는 길입니다.

셋째 하나님을 의지해야 합니다. 하만은 권력을 의지했습니다. 그는 부귀와 영화, 그리고 명예를 의지한 사람입니다. 그 결과로 그의 아내와 자녀들까지 모두 죽임을 당했습니다. 그의 생애가 비참한 교수형으로 끝났습니다. 그러나 모르드개와 에스더는 하나님을 신앙하고 모든 것을 하나님께 맡겼습니다. 하나님께 의뢰하고 도움을 요청했습니다. 그 결과 하나님께서 모르드개와 에스더에게 구원을 주셨고 그들을 통해 온 유대 민족에게도 구원을 주셨습니다.

말씀 읽기 에 7:6~9:32

생각 나누기

01 에스더와 모르드개는 어떻게 하나님께 도움을 받을 수 있었습니까?

02 에스더의 '죽으면 죽으리라'가 우리 믿음에 어떤 도움이 될 수 있을까요?

03 우리가 힘을 다해 하나님께 기도해야 할 기도제목은 무엇입니까?

3월

연합의 달

chapter 10

초대교회의 모범적 교회

성경 | 행 13:1~3(p.209)

찬송 | 208(통246), 427(통516)

마음 열기

신약 시대 안디옥 교회는 수년 사이에 괄목할 만한 믿음의 성장을 한 교회입니다. 더욱이 이 교회는 예루살렘 교회의 도움을 받다가 선교사까지 파송하는 교회로 변모했습니다(행 11:19~26). 따라서 안디옥 교회의 섬김과 순종 그리고 하나님을 통해 바람직한 교회의 모범을 찾고자 합니다.

1. 섬기는 교회입니다.

안디옥 교회에 훌륭한 많은 믿음의 사역자들이 언급되어 있습니다. 그러나 처음부터 칭찬받는 사역자들은 아니었습니다.

처음에는 예루살렘 교회에서 파송한 바나바 한 사람뿐이었습니다. 그런데 바나바가 사울을 데려와 그를 세워 함께 동역하여 열심히 사역한 결과 안디옥 교회에 큰 부흥이 있었습니다. 뿐만 아니라 성도들은 백성들에게 '그리스도인' 이라 불리게 되었습니다(행 11:25, 26). 또한 안디옥 교회는 시므온, 루기오, 마나엔 등 훌륭한 지도자들이 교회 사역자로 봉사하게 됩니다. 섬김이란 남을 나보다 낫게 여기고 높여 세우는 것입니다. 이처럼 섬김의 사역을 하지 않는 사람은 오히려 하나님의 사역을 방해하는 그릇된 자가 됩니다. 훌륭한 사역자가 많은 교회는 질적으로 양적으로 성장합니다. 안디옥 교회가 좋은 사역자들을 세웠기에 후에 사울과 바나바를 선교사로 파송할 수 있었습니다. 좋은 지도자 양성은 교회 성장과 복음 전파의 초석입니다. 주님의 일을 위해 교회를 섬기고 믿음의 성도들을 세우는 사역자들을 배출할 수 있는 교회로 변화되어야 합니다. 그러할 때 하나님의 놀라운 역사가 나타날 것입니다.

말씀 읽기 행 11:25~26

2. 순종하는 교회입니다.

안디옥 교회는 세계 선교를 위해 사울과 바나바를 파송하라는 성령의 지시를 받았습니다. 이 때 성도들은 즉시 순종하고 두 사람을 안수하여 파송했습니다. 선교는 쉬운 일이 아닙니다. 더욱이 안디옥 교회의 핵심 목회자인 사울과 바나바를 함께 파송해야 한다는 사실은 그들의 마음을 힘들게 했을 것입니다. 그런데도 그들은 성령의 지시에 즉시 순종했습니다.

이러한 어려운 일임에도 즉시 행한 안디옥 교회의 순종은 더 큰 성장을 가져왔고 하나님께 놀랍게 쓰임을 받는 비결이 되었습니다. 우리도 교회가 믿음으로 크게 성장하길 바란다면 우리 한 사람 한 사람이 먼저 하나님의 뜻에 순종하는 사람이 되어야 할 것입니다. 사무엘 선지자는 하나님은 어떠한 제물과 제사를 드리는 것보다 믿음으로 순종하는 것을 기뻐하신다고 말씀하였습니다(삼상 15:22). 하나님이 기뻐하시는 교회는 하나님의 말씀에 순종하는 교회입니다.

말씀 읽기 삼상 15:22

3. 하나 된 교회입니다.

교회는 성도들이 그리스도 안에서 협력하여 온전히 하나가 될 때 성장할 수 있습니다. 각각이 하나로 뭉쳐진 힘은 강력합니다. "한 사람이면 패하겠거니와 두 사람이면 맞설 수 있나니 세 겹 줄은 쉽게 끊어지지 아니하느니라"(전 4:12)고 전도서는 말씀합니다.

안디옥 교회는 그리스도 안에서 온전히 하나 된 교회였습니다. 특히 선지자와 교사가 협동과 협력에 대한 좋은 본보기를 보여 주었습니다. 5명의 지도자가 일치하여 안디옥 교회 발전과 세계 선교의 결의를 보여 준 것은 정말 칭찬할 만한 모범입니다.

하나가 되는 것은 하나님의 뜻입니다(요 17:22). 예수님도 하나님께 제자들이 하나가 되도록 기도하셨습니다. 믿음의 성도 여러분! 아무리 훌륭한 인재가 있다 하더라도 서로 하나로 협동하지 못한다면 놀라운 일을 할 수가 없습니다. 도리어 장애가 되고 분쟁만 일으켜 덕을 세우지 못하게 됩니다(고전 1:13).

우리들의 교회는 하나가 되어야 합니다. 성장하는 교회, 하나님께 쓰임을 받는 교회가 되기를 원한다면 성도가 서로 양보하고 서로 감싸며 서로 도와주어야 합니다. 하나님은 하나 된 교회의 모습을 통하여 하나님의 나라를 이루어 나가십니다.

말씀 읽기 전 4:12

생각 나누기

01 섬기는 교회란 어떻게 행하는 교회를 말하는 것일까요?

02 각자 순종하기 어려웠던 말씀이 어떤 것이었는지 나눠 봅시다.

03 교회가 하나 되기 위해 해야 할 결단은 무엇일까요?

Date.

chapter 11

주님이 찾으시는 모범교회

성경 | 마 21:12~14(p.35)

찬송 | 600(통242), 325(통359)

마음 열기

교회의 순결은 주님의 뜻입니다. 회개와 믿음 없는 고백과 예배는 주님이 원하시는 교회 모습이 아닙니다. 그렇다면 주님이 원하시는 교회의 모습은 어떠해야 할까요? 오늘 본문을 통해 주님이 기뻐하시는 교회의 본 모습을 찾고자 합니다.

1. 기도하는 교회입니다.

주님이 원하시는 교회는 기도하는 교회입니다. 기도하는 교회는 하나님을 곁에 가까이 모시며 하나님을 향해 열심을 냅니다. 기도의 결과는 우리 눈에 당장 드러나지 않을 수 있지만 때가 차게 될 때(갈 4:4) 하나님의 응답으로 나타나게 됩니다. 기도에 생명과 능력이 있기 때문입니다. 기도를 통해 우리는 하나님의 역사를 체험할 수 있으며, 믿음의 성도들이 살아 있다는 사실을 알 수 있게 됩니다.

오늘날 우리의 교회가 하나님과 함께하기 위해서는 느헤미야 시대에 온 백성이 기도하며 금식했던 것처럼 우리 자신을 돌아보고 회개하며 기도해야 합니다. 그럴 때에만 하나님이 우리에게 놀라운 축복을 허락하실 것입니다(느 9:1~3). 생명의 기도는 하나님의 능력의 길이며 하나님이 축복하시는 은혜의 통로입니다. 기도하는 교회는 견고하며 성도의 섬김이 풍성하고 승리를 체험하게 될 것입니다.

말씀 읽기 느 9:1~4

2. 순수한 교회입니다.

주님이 원하시는 교회는 하나님의 말씀이 그대로 이루어지는 것을 믿고 말씀을 순종하며 지키는 순수성이 살아 있는 교회입니다. 하나님은 지금도 우리에게 이와 같은 모습을 원하십니다. 교회가 순수성을 상실할 때, 교회는 세속적이 되어 세상을 포용하지 못하게 될 것입니다. 예수님 당시 성전은 이익에 눈이 멀었습니다. 상인을 받아들였고 그들은 도적처럼 더 많은 이익을 얻고자 모의하고 사람들을 속였습니다. 그들은 희생을 드리는 데 꼭 필요한 물건들을 독점하여 비싼 값으로 팔아 이익을 취했습니다. 이들을 향해 예수님은 기도의 집을 강도의 굴혈로 만들었다고 책망하셨습니다(마 21:13).

교회가 순수성을 잃을 때 하나님과 멀어지게 됩니다. 오늘날도 교회들이 하나님과의 영적인 충족을 위함이 아니라 인간과의 교제나 사업의 편의를 위해 이용되고 있다면, 이 또한 교회를 강도의 굴혈로 만드는 것입니다. 주님은 교회의 순수성을 강조하십니다. 우리는 주님의 뜻과 같이 교회의 순수성을 지키고 사수하는 믿음의 성도들이 되어야 할 것입니다.

말씀 읽기 딤후 2:22; 딛 1:15

3. 치료하는 교회입니다.

주님이 원하시는 교회는 치료하는 교회입니다. 주님은 육적인 질병뿐 아니라 영적인 면도 관심을 두셨습니다(마 8:6~12). 주님은 우리 교회가 치료 공동체로서 영혼과 육신의 질병뿐 아니라 뵈뵈(롬 16:1)와 도르가(행 9:36)처럼 이웃을 향한 돌봄에도 힘을 쏟아야 합니다. 하나님은 치료의 하나님이십니다. 하나님은 이스라엘이 광야에서 방황할 때 먹지 못하던 마라의 물을 고치시며 치료의 하나님이심을 선포하셨습니다(출 15:26). 치료의 하나님은 과거에만 계신 분이 아닙니다. 지금도 살아 계시고 역사하고 계십니다. 만일 우리가 온전히 하나님을 바라보고 치유하시는 하나님의 손길을 구하며, 하나님의 뜻을 따라 치유 사역을 감당할 때 하나님이 기뻐하시고 찾으시는 교회가 될 것입니다.

말씀 읽기 말 4:2

생각 나누기

01 우리가 기도해야 하는 이유는 무엇입니까? 우리가 소망하는 기도의 역사는 무엇입니까?

02 교회가 찾아야 할 순수성이란 무엇입니까? 우리에게 부족한 점은 무엇입니까?

03 우리가 주님께 요청하는 치유는 무엇입니까?

Date.

chapter 12

초대교회 성도들의 모범적인 삶

성경 | 행 2:42~47(p.190)

찬송 | 33(통352), 453(통506)

마음 열기

사도행전에서 소개하는 초대교회의 삶은 오늘날 신앙생활을 하는 우리에게 큰 도전이 됩니다. 그들은 어떻게 이와 같은 신앙의 모습을 가질 수 있었을까요? 그들을 통해 우리가 본받아야 할 점은 무엇일까요?

1. 말씀에 순종하는 성도가 됩시다.

예루살렘에 있던 초대교회 성도들은 사도들을 통해 하나님의 말씀을 배웠습니다. 이는 하나님의 사람으로 온전하게 하며 모든 선한 일을 행할 능력을 갖추게 합니다(딤후 3:17). 성도들은 이 말씀으로 새롭게 되었던 것입니다.

역대기 기자는 요시야로 인한 부흥을 설명합니다(대하 34:14~33). 어느 날 요시야 왕은 여호와의 전에서 율법책을 발견했다는 보고를 받았습니다. 그것은 언약의 말씀으로서 하나님 말씀을 준행하지 아니할 때 심판이 있을 것이란 내용이었습니다. 훌다 여선지자는 하나님이 그 말씀 그대로 시행하실 것이라고 확증하였습니다. 놀란 왕은 모든 백성에게 하나님 말씀을 들려주고 함께 언약하였습니다. 성경은 그 사건을 다음과 같이 요약합니다. "요시야가 사는 날에 백성이 그들의 조상들의 하나님 여호와께 복종하고 떠나지 아니하였더라"(대하 34:33).

그렇습니다. 부흥의 기초는 말씀의 회복과 순종입니다. 열정만으로 모든 것을 할 수 없습니다. 말씀이 없이는 허무한 그림자만 될 뿐입니다. 그렇기에 우리는 말씀을 사모해야 합니다. 그리고 그 말씀을 배우고 따라야 합니다.

말씀 읽기 딤후 3:10~17

2. 기도에 전혀 힘쓰는 성도가 됩시다.

초대교회 성도들은 기도에 전혀 힘썼습니다. 기도는 그리스도인의 힘의 원천입니다. 예수님은 귀신을 내쫓으신 후 제자들에게 말씀하셨습니다. "기도 외에 다른 것으로는 이런 종류가 나갈 수 없느니라"(막 9:29). 기도 없이는 할 수 있는 일이 없습니다. 그렇기에 우리는 언제나 기도로 시작하며 그 과정과 마침에 있어서도 기도로 함께해야 합니다.

기도는 영혼의 간절한 바램입니다. 바울은 속사람의 강건함과 함께 그 사랑의 넓이와 길이와 높이가 어떠함을 깨닫게 해 달라고 기도했습니다(엡 3:14~19). 우리도 우리의 속사람이 강건하도록 기도하며 동시에 하나님의 사랑을 깨닫게 해 달라고 기도해야 합니다. 하나님의 깊은 사랑의 은혜를 깨닫는 것이 중요하기 때문입니다. 바울은 또한 "쉬지 말고 기도하라"(살전 5:16)고 요청합니다. 우리는 기도를 잠시도 쉬어서는 안 됩니다. 고난과 피곤이 우리로 지치게 하여 쉬라고 유혹하지만 기도는 오히려 우리 속사람을 강건케 하여 모든 고난과 피곤을 이기게 합니다.

초대교회 성도들은 이와 같은 사도들의 가르침을 따라 열심히 기도함으로써 주변 유대인들로부터 인정을 받으며 그들로 주님께 돌아오도록 하는 큰 모범이 되었습니다. 우리도 매일 삶 가운데 기도에 열심을 내야 할 것입니다.

말씀 읽기 행 1:14

3. 사랑의 교제가 넘치는 성도가 됩시다.

초대교회 성도들은 사랑으로 교제했습니다. 본문에서 떡이란 단순히 교제만이 아닌 가난한 자들을 위한 애찬이기도 했습니다. 이는 성도의 교제가 친교를 위한 사교적인 모임이 아닌 가난한 자들을 돕는 자기희생적인 사랑의 모임이었음을 깨닫게 합니다. 그렇기 때문에 불신자들도 이들을 보며 칭찬하였던 것입니다.

하나님은 사랑이십니다. 그리스도인들이 형제를 사랑할 수 있는 힘은 오직 사랑의 경험을 통해서만 공급을 받을 수 있습니다. 하나님의 사랑을 경험한 자만이 그 사랑을 이웃에게 전할 수 있습니다. 그들은 하나님의 사랑을 경험함으로써 스스로 주님의 사랑의 통로가 되었던 것입니다. 성도는 세상을 향해 주님의 사랑을 전하는 사랑의 통로가 되야 할 것입니다.

예수님은 "너희가 서로 사랑하면 이로써 모든 사람이 너희가 내 제

자인 줄 알리라"(요 13:35) 고 말씀하셨습니다. 우리는 예수님의 제자로서 서로 사랑하고 이 사랑을 전하여 모두에게 예수님의 제자라는 사실을 전해야 할 것입니다.

말씀 읽기 눅 14:12~13

생각 나누기

01 우리가 말씀에 순종할 때 나타날 수 있는 주님의 역사는 무엇입니까?

02 우리가 기도에 힘을 써야 할 이유는 무엇입니까? 우리는 매일의 삶에서 어떻게 기도해야 할까요?

03 사랑의 교제를 이웃에게 나타내고 전할 수 있는 방법은 무엇일까요?

Date.

chapter 13

시련이 주는 영적 의미

성경 | 고후 4:16~18(p.290)

찬송 | 435(통492), 491(통543)

마음 열기

성경은 경건하게 살고자 하는 자, 즉 복음에 합당하게 살고자 하는 자는 핍박을 받는다(딤후 3:12)고 말씀합니다. 주님의 가장 합당한 종으로 살았던 바울의 삶도 고난의 연속이었습니다(고후 1:8). 그럼에도 불구하고 그는 '우리는 낙심하지 않는다'고 말합니다. 그 이유는 무엇일까요?

1. 시련은 속사람을 새롭게 합니다.

바울 사도의 기준은 겉사람이 아니고 속사람입니다. 그는 채찍을 맞아 몸이 상했고 옥에 간혀 추위와 굶주림의 고초를 치르고 있었습니다(고후 11장). 하지만 그는 낙심하지 않는다고 고백합니다. 속사람이 날로 새로워지기 때문입니다. 바울은 고백합니다. "형제들아 우리가 아시아에서 당한 환난을 너희가 모르기를 원하지 아니하노니 힘에 겹도록 심한 고난을 당하여 살 소망까지 끊어지고 우리는 우리 자신이 사형 선고를 받은 줄 알았으니 이는 우리로 자기를 의지하지 말고 오직 죽은 자를 다시 살리시는 하나님만 의지하게 하심이라"(고후 1:8~9). 비록 육신은 연약해졌지만 이 고난의 목적이 하나님만을 의지하게 하심이라는 사실을 깨달았기에 그는 더욱 소망을 가질 수 있었습니다.

욥에게 이해될 수 없는 시련이 다가왔습니다. 모든 물질, 열 자녀, 건강까지 잃어버린 것입니다. 그의 고통은 상상할 수 없었습니다. 하지만 하나님을 만난 그는 자신의 고난이 인간의 관점에서 설명할 수 없는 일이었음을 깨닫게 됩니다. "내가 주께 대하여 귀로 듣기만 하였사오나 이제는 눈으로 주를 뵈옵나이다 그러므로 내가 스스로 거두어들이고 티끌과 재 가운데에서 회개하나이다"(욥 42:5~6).

우리 역시 고통 가운데 있다면 우리에게는 하나님의 신비하고 은혜가 넘치는 섭리가 있다는 사실을 믿어야 합니다. "우리의 겉사람은 낡아지나 우리의 속사람은 날로 새로워지도다"(16절)라는 바울의 이 고백을 소유하시길 바랍니다.

말씀 읽기 벧전 1:6~7

2. 시련은 더 큰 것을 바라보게 합니다.

사도 바울은 우리가 세상에서 받는 시련을 '잠시 받는 경한 것'이라고 말합니다. 그러나 바울이 당시 겪고 있던 시련은 결코 가벼운 것이 아니었습니다. 그는 생사를 넘나드는 고난을 겪고 있었던 것입니다(고후 11:23). 그는 복음을 위해 끊임없이 육체적 정신적 고통을 겪었습니다. 하지만 그가 이 고난을 가볍게 여길 수 있었던 이유는 하나님의 지극히 크고 영원한 영광의 중함을 보았기 때문입니다.

예수님은 "또 내 이름을 위하여 집이나 형제나 자매나 부모나 자식이나 전토를 버린 자마다 여러 배를 받고 또 영생을 상속하리라"(마 19:29)고 말씀하셨습니다. 성도의 삶은 고난당하는 만큼 축복이라는 사실을 믿어야 합니다.

말씀 읽기 히 11:35~40

3. 시련은 영원한 것을 소망하게 합니다.

18절은 "우리가 주목하는 것은 보이는 것이 아니요 보이지 않는 것이니 보이는 것은 잠깐이요 보이지 않는 것은 영원함이라" 여기서 '주목하는 것'이란 목표를 고정시키고 보는 것을 의미합니다. 삶의 모든 방향을 한 목표에 정확하게 맞추고 보는 것입니다. 바울 사도의 관심은 보이는 것이 아니었습니다. 그에게 관심사는 보이지 않는 영원함에 있었습니다. 성도는 영원을 목표로 삽니다. 오늘 주께서 우리에게 바울의 시선을 주시기를 원합니다. 바울은 보이지 않는 영원의 세계를 볼 수 있었던 사람입니다. 이 세상은 영원하지 않습니다. 이 세상에 보이는 것들은 그 어떤 것이라도 영원하지 않습니다. 우리가 땀을 흘리며 전념하는 일들, 앞으로의 계획들, 내가 맺고 있는 모든 관계들... 이 세상의 것은 영원하지 않습니다. 이것은 보이는 것들입니다. 보이는 것은 잠깐입니다.

성경은 말씀합니다. "이 세상도, 그 정욕도 지나가되 오직 하나님의 뜻을 행하는 자는 영원히 거하느니라"(요일 2:17). 영원이라고 하는 것은 사실 죽음 저 너머에 있습니다. 거기에는 슬픔도, 이별도, 아픔도,

죽음도 없습니다. 그러므로 우리의 진정한 가치는 죽음 저 너머에 있다고 고백할 수밖에 없습니다. 바울 사도는 보이지 않는 영원 때문에 그 어떤 역경 속에서도 힘 있게 거슬러 올라갈 수 있었습니다.

말씀 읽기 롬 8:18~25

생각 나누기

01 시련이 그리스도인들에게 유익이 되는 이유는 무엇일까요?

02 시련을 통해 더 큰 것을 볼 수 있는 이유는 무엇입니까?

03 삶 가운데 영원을 바라보았던 경험이 있습니까? 그 경험이 당신의 삶에 어떤 변화를 가져왔습니까?

4월

부활의 달

Date.

chapter 14

죄악의 3대 특성

성경 | **왕하** 11:1~21(pp.581~582)

찬송 | 27(통27), 263(통197)

마음 열기

우리가 살고 있는 세상은 여전히 죄악으로 고통을 받고 있습니다. 하지만 성경은 그 죄악은 반드시 드러나게 될 것이며 심판이 따른다는 사실을 말씀합니다. 그렇다면 우리는 이 죄악을 어떻게 이해해야 할까요?

1. 죄악은 유전됩니다.

아달랴는 자신의 자손들을 죽인 비정한 여왕입니다. 아달랴의 악행은 결코 우연이라 할 수 없습니다. 그녀의 부모도 그러했기 때문입니다. 그녀의 아버지는 북이스라엘의 아합 왕으로서 악한 일을 많이 행했습니다. 하나님의 사람을 대적했고 선량한 사람까지 죽였습니다. 더욱이 이방신을 섬기던 이세벨을 아내로 들여 우상 숭배까지 허용하였습니다. 그녀의 어머니 이세벨은 시돈 사람의 왕 엣바알의 딸로서 이스라엘에 바알과 아세라 우상 숭배를 만연시킨 장본인이였습니다. 이런 악한 부모 밑에서 자라난 아달랴의 악한 행위는 어쩌면 당연하다고 하겠습니다.

아담의 범죄 이후로 죄는 인간 속에 유전되어 내려왔습니다. 인간은 스스로 악을 조절할 어떤 능력도 없습니다. 그렇기에 성경은 여호와께서 사람의 죄악이 세상에 가득함과 그의 마음으로 생각하는 모든 계획이 항상 악할 뿐임을 보셨다고 말합니다(창 6:5). 죄악으로 우리 스스로 어찌할 수 없을 때 예수님이 오셨습니다. 십자가의 대속으로 죄 문제를 해결하시고 성령님을 보내 주심으로써 죄를 이길 수 있게 하신 것입니다. 사람이 의로워질 수 있는 방법은 오직 예수 그리스도를 나의 구주로 고백하는 믿음뿐입니다.

말씀 읽기 딤후 1:5

2. 죄악은 폭로됩니다.

아달랴는 왕의 자리를 오래 간직하기 위해 더 많은 악행을 저질렀습니다. 그 어미의 교활한 술책을 반복하면서 악을 자행했습니다. 그러나 하나님은 이들의 잘못을 가려내시고 억울하게 죽은 이의 핏값을 찾으셨습니다. 우리는 하나님께서 죄를 폭로하시는 모습을 성경 곳곳에서 발견합니다.

요셉의 형들은 동생을 미워하여 애굽에 노예로 팔아 버렸습니다. 자신들의 죄를 완벽하게 감추었습니다. 심지어 아버지도 속였습니다. 그러나 살아 계신 하나님 앞에서는 감출 수가 없었습니다. 르우벤은 "내가 너희에게 그 아이에 대하여 죄를 짓지 말라고 하지 아니하였더냐 그래도 너희가 듣지 아니하였느니라 그러므로 그의 핏값을 치르게 되었도다"(창 42:22)라고 고백하였습니다. 가인이 자신의 동생 아벨을 죽였을 때도 하나님은 그의 죄를 드러내셨습니다. 하만의 음모도, 아달랴의 모략도 들통나고 말았습니다. 죄는 언젠가 드러납니다. 악은 씨앗과 같아서 땅속 깊은 곳에 묻어 두어도 싹이 납니다. 예수님은 "숨은 것이 장차 드러나지 아니할 것이 없고 감추인 것이 장차 알려지고 나타나지 않을 것이 없느니라"(눅 8:17)고 말씀하셨습니다.

말씀 읽기 시 130:3

3. 죄악은 징벌을 받습니다.

죄의 결과는 남뿐 아니라 자신에게도 나타납니다. 남을 파멸로 몰고 간 자는 그 이상으로 자신에게도 그 파멸이 다가오게 됩니다. 이는 주님이 모든 것을 살펴보시고 심판하시기 때문입니다.

아달랴의 악은 드디어 징벌로 다가왔습니다. 16절은 그 상황을 구체적으로 설명합니다. "이에 그의 길을 열어 주매 그가 왕궁의 말이 다니는 길로 가다가 거기서 죽임을 당하였더라." 자신이 저지른 방법을 따라 동일한 죽음으로 징벌을 받은 것입니다. 부모가 악을 행하다가 징벌을 받은 것처럼 그의 딸 역시 악을 행하다가 징벌로 끝나고 말았습니다.

하나님은 행한 대로 갚으시는 분이시기에 우리는 두려울 수밖에 없습니다. 하지만 예수님은 우리 죄를 짊어지심으로 죄사함을 받게 하셨습니다. 시편 기자는 고백합니다. "주께서 나의 의와 송사를 변호하셨으며 보좌에 앉으사 의롭게 심판하셨나이다." 악한 자들은 저들의 악한 행위를 따라서 심판을 받지만 우리들은 하나님의 은혜로 천국의 복을 받을 것이니 그 사랑이 얼마나 큰지 말할 수 없습니다. 그러하기에 우리는 자녀들에게 영적인 좋은 유업을 물려줄 수 있어야 할 것입니다.

말씀 읽기 시 1:1~6

생각 나누기

01 부모의 죄가 자녀들에게 이어지지 않도록 우리가 오늘 결심할 내용은 무엇일까요?

02 죄악은 반드시 폭로된다는 사실이 우리에게 위로가 되는 이유와 두려움이 되는 이유는 무엇일까요?

03 우리 죄를 위해 십자가를 지신 예수님이 우리에게 주시는 은혜는 무엇입니까?

Date.

chapter 15

히스기야의 고백

성경 | 사 38:16~20(pp.1011~1012)

찬송 | 151(통138), 313(통352)

마음 열기

본문은 남왕국 유다 왕이었던 히스기야가 중병으로 죽게 되었을 때 고쳐 주심을 위해 하나님께 드린 기도 내용입니다. 우리는 그의 기도의 고백을 통해 우리가 따라야 할 믿음을 점검하며 은혜받고자 합니다.

1. 사는 것과 생명이 주께 있다고 고백했습니다(16절).

히스기야는 자신의 생명이 인간을 창조하신 하나님께 전적으로 달려 있다는 사실을 알고 있었습니다. 그러기에 그는 "주여 사람이 사는 것이 이에 있고 내 심령의 생명도 온전히 거기에 있사오니 원하건대 나를 치료하시며 나를 살려 주옵소서"(16절)라고 기도한 것입니다. 제 아무리 튼튼한 사람이라도 하나님께서 생명을 거두시면 죽게 됩니다. 반대로 제 아무리 죽음 앞에 서 있는 사람일지라도 하나님께서 살리시면 살게 됩니다.

예수님은 "몸은 죽여도 영혼은 능히 죽이지 못하는 자들을 두려워하지 말고 오직 몸과 영혼을 능히 지옥에 멸하실 수 있는 이를 두려워하라"(마 10:28)고 하셨습니다. 살고 죽는 것이 나에게 있다고 생각하는 것은 무지 아니면 교만입니다. 우리는 우리의 생명이 주께 있음을 고백해야 합니다.

말씀 읽기 눅 12:20

2. 큰 고통을 더하신 것은 평안을 주려 하심이라고 고백했습니다(17절).

현재 내가 겪고 있는 고통만을 바라본다면 절망과 원망만 남게 됩니다. 그러나 고통 뒤에 있는 큰 평안을 바라본다면 감사와 인내가 솟아나게 될 것입니다. 히스기야는 고통만을 바라보지 않았습니다. 그 뒤에 있는 하나님의 큰 평안을 보았던 것입니다(17절).

우리는 삶 가운데 고통을 당합니다. 고통이 우리에게 유익을 주지 못한다면 무가치한 고통이라고 할 것입니다. 하지만 고통이 우리에게 큰 깨달음과 유익을 준다면 그 고통은 가치 있는 고통이라 할 수 있습니다. 히스기야가 큰 중병 가운데 하나님을 바라보았습니다. 하나님은 그의 마음을 보시고 그의 고통을 치유하시고 평안으로 바꾸어 주셨습니다. 하나님은 오늘도 우리에게 하나님의 은혜를 깨닫도록 하시며 큰 고통도 치유해 주십니다. 우리는 이런 하나님을 늘 기억해야 합니다.

말씀 읽기 요 14:27

3. 모든 죄를 주의 등 뒤에 던지셨다고 고백했습니다(17절 하반절).

히스기야는 "주께서 내 영혼을 사랑하사 멸망의 구덩이에서 건지셨고 내 모든 죄를 주의 등 뒤에 던지셨나이다"(17절 하반절)라고 고백합니다. 시편은 "동이 서에서 먼 것 같이 우리의 죄과를 우리에게서 멀리 옮기셨으며"(시 103:12)라고 합니다. 이사야서는 "네 죄를 안개 같이 없이하였으니"(사 44:22)라고 말씀합니다. 우리는 모든 죄가 주님의 등 뒤로 던져졌다는 사실에 주목해야 합니다. 나의 등이 아닙니다. 바로 주님의 등 뒤입니다. 그렇기에 아무도 그 죄를 하나님 앞에 다시 내어놓을 수 없습니다. 그러나 던져진 그 죄를 동일하게 반복해서는 안 됩니다. 주님을 시험하는 것이 되기 때문입니다. 우리는 주님께 매일의 신자가 되어야 합니다. 날마다 주님의 은혜에 감사하며 우리 죄를 용서하신 그 큰 사랑에 감격하며 날마다 주님과 동행해야 할 것입니다.

말씀 읽기 시 41:3~4

4. 산 자만이 주께 감사하다고 고백했습니다(18~19절).

호흡 여부에 따라서 산 자와 죽은 자를 판단합니다. 우리는 오늘 본문을 통해 생명과 죽음에 대한 또 하나의 판단기준을 갖습니다. 히스기야는 주를 찬양하지 못하며 주께 감사하지 않는 자는 구덩이에 들어간 자, 즉 죽은 자(18~19절)라고 표현합니다. 한 마디로 말해 영적으로 죽은 자는 찬양도, 감사도, 고백도, 증거도 할 수 없고 오직 산 자만이 할 수 있다는 것입니다. 신앙생활에 있어서 감사와 찬양과 증언이 없으면 그것은 병든 신앙입니다. 육신이 병들었을 때 우리는 치료를 위해 부단히 애쓰고 노력합니다. 이처럼 우리도 영혼의 질병을 치료하기 위해 애써야 합니다. 우리는 우리의 영혼을 언제나 살펴보며 병들지 않도록 부단히 깨어 하나님 말씀 앞에서 감사의 찬양을 드려야 합니다. 히스기야는 "우리가 종신토록 여호와의 전에서 수금으로 나의 노래를 노래하리로다"(20절)라는 찬양으로 자신이 살아 있는 자임을 확인함으로써 기도를 마무리합니다.

말씀 읽기 계 3:1~5

생각 나누기

01 하나님께 생명이 있음을 고백할 때 우리의 삶은 어떻게 달라질까요?

02 우리의 고통의 이면에 하나님의 은혜가 있다는 사실을 어떻게 알 수 있을까요?

03 우리의 모든 죄를 주님의 등 뒤에 던지셨다는 표현이 주는 위로는 무엇일까요?

Date.

chapter 16

잘못된 재판

성경 | 마 27:11~26(p.49)

찬송 | 96(통94), 303(통403)

마음 열기

하나님의 아들이신 예수님이 세상의 권력 앞에서 재판을 받게 되셨습니다. 우리는 빌라도의 재판을 살펴 그 재판이 얼마나 잘못된 것인가를 깨닫고 다시 한 번 우리의 죄인 됨을 고백하고자 합니다.

1. 빌라도는 진리를 따라 판결하지 않았습니다(15절).

모든 법은 평등의 법칙을 지켜야 합니다. 그러나 빌라도는 예수님을 판결할 때 법에 따라 판결하지 않았습니다. 그는 유대인들의 요구에 따라 자신의 판결을 굽히는 어리석은 선택을 하고 말았습니다. 유대인들은 흉악한 죄인을 선택함으로써 예수님을 죽이고자 하는 그들의 목적을 달성하였습니다(26절).

오늘날에도 정의와 진리로 판단하지 않는 경우를 보게 됩니다. 예수님은 "좁은 문으로 들어가라 멸망으로 인도하는 문은 크고 그 길이 넓어 그리로 들어가는 자가 많고 생명으로 인도하는 문은 좁고 길이 협

착하여 찾는 자가 적음이라"(마 7:13~14)고 말씀하셨습니다. 주님의 길은 좁고 험합니다. 우리는 이 세대를 본받지 말고 정신을 차려 시대를 분별해야 합니다. 그리고 하나님의 선하시고 온전하신 뜻이 무엇인지 깨달아 실천해야 할 것입니다.

말씀 읽기 시 82:2; 98:9

2. 빌라도는 세미한 소리에 귀 기울일 줄 몰랐습니다(23절).

빌라도의 아내가 밤에 꿈을 꾸었습니다. 그리고 재판석에 앉아 있는 남편에게 사람을 보내 그 사람을 해하지 말라고 전합니다(19절). 그러나 빌라도는 아내의 소리보다 광장에서 외치는 무리들의 소리에만 귀를 기울였습니다(23절). 빌라도 법정에서 우리는 두 종류의 소리를 들을 수 있습니다. 하나는 모여 있는 무리들의 살기 띤 큰 소리요, 다른 하나는 빌라도의 아내의 소리입니다. 이때 예수님은 아무 말씀도 없으셨습니다(12~14절). 이사야는 "그가 곤욕을 당하여 괴로울 때에도 그의 입을 열지 아니하였음이여 마치 도수장으로 끌려 가는 어린 양과 털 깎는 자 앞에서 잠잠한 양 같이 그의 입을 열지 아니하였도다"(사 53:7)라고 말합니다. 큰 소리가 모두 바른 길은 아닙니다. 오히려 군중의 소리는 판단을 흐리게 하는 소리입니다. 우리는 작은 소리에 귀를 기울일 수 있어야 합니다. 빌라도는 그 작은 소리를 외면했기에 그의 생에 인류의 구세주를 죽이는 큰 오점을 남긴 것입니다.

믿음의 성도는 골방에서 들려오는 세미한 하나님의 음성(왕상 19:12~13)을 들을 줄 알아야 합니다. 듣기 싫은 소리라 할지라도 진리의 말씀에 비추어 책망하는 믿음의 성도들의 권면을 새겨들을 줄 알아야 합니다.

말씀 읽기 왕상 19:12~13

3. 빌라도는 눈에 보이지 않는 것을 보는 눈이 없었습니다(24절).

빌라도는 자신의 노력에도 불구하고 오히려 민란이 나려는 것을 보고 두려워했습니다(24절). 공정해야 할 법 앞에서 그는 진리와 정의가 아닌 자신의 안전을 위해 판결했습니다.

믿음의 성도들에게도 항상 두 가지 길이 놓여 있습니다. 내가 육체적인 손해를 당하더라도 진리와 정의를 택할 것인가? 아니면 일시적 안전을 위해 비 진리와 부정을 택할 것인가? 우리는 이러한 갈등 앞에서 분명한 길을 선택해야 합니다. 그 기준은 바로 성경이 되어야 합니다. 성경의 많은 인물들은 "죽으면 죽으리라"는 신앙 자세로 진리와 정의를 택하였습니다. 그리고 그들이 그 길을 걸어갔을 때 세상은 그들을 감당하지 못했습니다(히 11:38).

자신의 안전을 택한 빌라도의 결과는 어떻게 되었습니까? 십자가에 못 박혀 죽으신 예수님은 다시 살아나셨지만 빌라도는 영원히 죽었습니다. 그리고 빌라도의 명예는 바닥에 추락했습니다. 우리는 사도신경을 통해 본디오 빌라도를 말합니다. 그는 예수님을 죽인 자로서 성도들에게 고백됩니다. 주님을 위한 선택은 당장은 우리에게 큰 해가 될 것처럼 보이지만 영원한 영광과 생명이 있음을 기억해야 합니다.

말씀 읽기 히 11:33~40

생각 나누기

01 우리는 판단할 때 누구의 영향을 가장 많이 받는지 나누어 봅시다.

02 우리가 들어야 할 세미한 소리가 무엇인지 생각해 봅시다.

03 수많은 압박이 있을 때 우리가 선택해야 할 기준은 무엇이 되어야 할까요?

Date.

chapter 17

부활하신 예수 그리스도

성경 | **고전** 15:12~26(p.282~284)

찬송 | 165(통155), 161(통159)

마음 열기

예수 그리스도의 부활은 기독교 교리의 초석이며 신앙의 근본입니다. 바울은 '부활이 없다는 논쟁'(고전 15:12)이 일어난 고린도 교회를 향해 예수 그리스도의 분명한 부활을 증거합니다. 따라서 본문은 바울의 증언을 통해 예수 그리스도의 부활을 자세히 살펴보고자 합니다.

1. 잠자는 자들의 첫 열매가 되셨습니다(19~20절).

바울은 만일 우리가 그리스도 안에서 바라는 것이 다만 이생뿐이면 모든 사람 가운데 우리가 더욱 불쌍한 자라고 말합니다. 그러나 이제 그리스도께서 죽은 자 가운데서 다시 살아 잠자는 자들의 첫 열매가 되심으로써 우리가 그리스도 안에서 부활의 소망을 가지게 되었다고 말합니다(고전 15:19~22). 이 말씀은 그리스도인의 소망이 이 세상에 있는 것이라면 그리스도인의 삶 전체가 허무하고 무가치하며, 불신자들보다 더 비참할 수밖에 없다는 사실을 의미합니다. 그러므로 바울은 여기서 '예수 그리스도의 부활'이 '잠자는 자들의 첫 열매'라는 결정적인 단서를 제시함으로써 부활 회의론자들의 허구성을 공격하였던 것입니다.

'예수 그리스도의 부활'은 '영혼'만의 부활이 아닌 '육체인 몸의 부활'을 동반하는 완전한 부활입니다. 그리스도께서 이 부활의 '첫 열매'가 되셨으니 이 '부활'은 마치 가을 추수 때에 첫 수확물과 같은 것이기에 예수님을 믿는 자들도 장차 그리스도의 뒤를 따라 '부활' 할 것에 대한 보증이 됩니다. 이 말씀으로 우리는 '죽음 후에 있을 심판'을 두려워하지 않게 됩니다(히 9:27).

말씀 읽기 고전 15:15~55

2. 원수들을 멸하시는 능력이 되십니다(24~26절).

예수 그리스도의 십자가 죽음은 위대하지만 여기에 부활이 없다면 우리에게는 헛것이요 예수님은 인류의 구세주가 될 수 없습니다. 그러나 예수님은 부활하심으로써 하나님의 아들이 되심을 증거하셨습니다.

예수님의 부활은 곧 원수 마귀를 멸하시는 능력입니다. 바울은 외칩니다. "사망아 너의 승리가 어디 있느냐 사망아 네가 쏘는 것이 어디 있느냐"(55절). 부활은 인류 구속의 완성이며 성도의 소망입니다. 그러하기에 바울은 가는 곳마다 예수님이 다시 살아 나셨다는 사실을 외쳤습니다. 그리스도의 부활은 바울 설교의 핵심입니다.

바울은 주님의 권세와 능력을 선포합니다. "그 후에는 마지막이니 그가 모든 통치와 모든 권세와 능력을 멸하시고 나라를 아버지 하나님께 바칠 때라, 그가 모든 원수를 그 발 아래에 둘 때까지 반드시 왕 노릇 하시리니, 맨 나중에 멸망 받을 원수는 사망이니라"(24~26절). 주님의 원수는 하나님을 대적하는 사단의 권세로서 그리스도인들을 핍박하고 미혹한 실체입니다. 마지막 때에 그리스도께서 권능으로 모든 악의 세력들과 원수들을 파멸시키실 것이며, 그 후 하나님 나라가 온전히 임하실 것입니다.

말씀 읽기 롬 8:39

3. 신령한 것을 허락하십니다.

첫째, 부활하신 주님은 우리에게 성령님을 주셨습니다.

예수님은 승천하시면서 성령님을 주시며 그 성령의 권능으로 "예루살렘과 온 유대와 사마리아와 땅 끝까지 이르러 내 증인이 되라"(행 1:8)고 하셨습니다. 성도들은 이 권능으로 주님의 복음을 세상에 마음껏 전할 수 있게 되었습니다.

둘째, 부활하신 예수님은 성도들에게 부활 신앙을 주셨습니다.

아브라함이 자신의 독자 이삭을 하나님께 드릴 수 있었던 것은 그가 부활 신앙을 가지고 있었기 때문입니다(히 11:17~19). 능력의 선지자 엘리사는 수넴 여인의 죽은 아들을 살림으로써 하나님의 부활을 보았습니다(왕하 4:32~37). 이사야 선지자가 고난 가운데서도 인내할 수 있었던 것 역시 부활 신앙 때문이었습니다(히 11:37). 바울도 부활 신앙을 가졌기 때문에 순교의 피를 흘렸습니다. 예수님은 자신이 부활이심을 말씀하시면서 성도들에게도 동일한 소망을 주십니다(요 11:25~26).

셋째, 부활하신 예수님은 성령을 통해 교회를 성장시키셨습니다.

예수님은 승천하시기 전에 제자들에게 "예루살렘을 떠나지 말고 내게서 들은 바 아버지께서 약속하신 것을 기다리라"(행 1:4)고 말씀하셨습니다. 오순절이 이르러 성령님이 강림하셨고 초대교회에 큰 부흥을 허락하셨습니다. 오늘날에도 뜨겁게 기도하는 교회가 성장하는 이유는 부활하신 주께서 성령님을 통해 교회를 부흥시키고 계시기 때문입니다.

말씀 읽기 요 11:1~57; 롬 8:1~39

생각 나누기

01 예수님의 부활이 우리에게 큰 소망이 되는 이유는 무엇입니까?

02 예수님의 부활이 왜 원수들을 향한 승리의 외침이 될 수 있을까요?

03 우리에게 만일 부활 신앙이 없다면 우리의 믿음은 어떻게 될까요?

Date.

chapter 18

예수 부활의 의미

성경 | 행 13:32~41(p.211)

찬송 | 167(통157), 161(통159)

마음 열기

기독교는 부활의 종교입니다. 성경은 죽었다가 다시 살아난 많은 사람을 소개합니다. 나사로, 수넴 여인의 아들, 나인성 과부의 아들 그리고 청년 유두고가 그들입니다. 그렇지만 이들은 예수 그리스도와 큰 차이가 있습니다. 그것은 그들이 부활 후에 다시 죽었지만 예수님은 2,000년이 지난 지금도 살아 계신다는 사실입니다.

1. 모든 권세를 가지신 주(主)되심을 선포합니다(33절).

시편 2편은 새 왕으로 취임하시는 예수 그리스도에 관한 예언시입니다. 예수님은 부활하시고 승천하셔서 하나님의 보좌 우편에 앉아 계십니다. 예수님이 부활하심으로써 그의 왕권이 시작되었습니다. 예수님은 하늘로 올라가시면서 제자들에게 "하늘과 땅의 모든 권세를 내게 주셨으니"(마 28:18)라고 말씀하셨습니다.

마리아가 삼백 데나리온이나 되는 순전한 나드 향유 한 옥합을 깨뜨

려서 예수님의 발에 붓고 자신의 머리털로 예수님의 발을 씻기고 그의 발에 입을 맞추었던 것처럼 우리 성도들도 왕이 되신 예수님께 신하로서의 충성을 다해야 합니다(요 12:3). 마리아의 이와 같은 행위는 왕 되신 예수님을 인정하고 그를 왕으로 모시는 행위입니다.

구약성경에 '만군의 여호와'라는 표현이 자주 나옵니다. 이는 여호와께서 수많은 천군 천사들을 거느리신 것을 가리키는 표현으로, 왕의 권세를 의미합니다. 예수 그리스도의 왕국은 영원합니다. 그 권세 또한 영원합니다. 예수그리스도의 영원한 왕권을 믿고 예수님이 우리의 마음과 삶의 모든 것을 다스리시도록 내어 드리는 삶을 살아갑시다.

말씀 읽기 삼하 7:13~14; 단 7:13~14

2. 영생의 주되심을 증거합니다(34절).

아담의 불순종으로 죽음이 모든 인류에게 찾아왔습니다. 죽음은 모든 축복의 근원되신 하나님, 그리고 영원한 생명과의 분리를 가져왔습니다. 사람들은 죽음으로 더 이상 아무런 권리도 가지지 못하고 썩게 되었습니다.

바울은 우리의 육체를 가리켜서 썩을 몸이라고 말합니다. 이 몸을 가지고는 천국에 들어갈 수 없습니다. 육신은 욕되며 약하기 때문입니다(고전 15:43). 썩는 것에는 별다른 대책이 없습니다. 그러나 주께서는 우리에게 한 가지 소망을 주셨습니다. 그것은 우리의 썩을 몸이 예수 그리스도의 부활하신 몸처럼 변화되는 것입니다. 우리의 몸은 예수 그리스도의 재림 나팔 소리와 함께 변화되어 영원히 우리의 주되신 예수님과 함께 살게 될 것입니다.

말씀 읽기 고전 15:42~45, 52~54

3. 성도들의 죄 용서의 능력이 됩니다(38절).

모든 사람은 죄인입니다(롬 3:10), 죄에는 반드시 대가가 있습니다. 성경은 죄의 삯이 사망이라고 말합니다(롬 6:23). 그러므로 죄인인 모든 사람은 반드시 죽게 되는 것입니다. 그러나 부활하신 예수 그리스도께서 우리의 죄를 용서해 주심으로 말미암아 우리는 그 죽음에서 벗어나게 되었습니다(38절).

유대인들은 오직 하나님만이 죄를 사하시는 권세를 가지셨다고 믿었습니다. 예수님은 네 명의 친구가 지붕을 뜯어서 달아 내린 중풍병자를 향해 "작은 자야 네 죄 사함을 받았느니라"(막 2:5)고 말씀하심으로써 자신이 하나님 되심을 드러내셨습니다.

예수님이 우리 죄를 위해 십자가에서 대속의 피를 흘리시고 돌아가심으로써 우리는 죄에서 해방되었습니다. 또한 예수님은 다시 살아나심으로써 그 대속의 은혜를 완전케 하셨습니다.

말씀 읽기 막 2:10; 롬 1:17

생각 나누기

01 예수님의 왕 되심이 우리에게 어떤 은혜가 될까요?

02 신앙생활 가운데 영생의 소망을 고백하고 계십니까? 영생의 소망이 주는 은혜는 무엇입니까?

03 주님께 죄 용서를 받고 의롭다 하심을 입은 성도의 삶이 어떠해야 하는지 서로 나누어 봅시다.

5월

가정의 달

Date.

chapter 19

성도의 생활

성경 | 엡 5:1~5(p.315)

찬송 | 303(통403), 310(통410)

마음 열기

성도들은 하나님의 사랑을 입은 자입니다. 또한 받은 사랑만큼 많은 제약도 받습니다. 하나님께서는 사랑을 입은 자녀를 안전하게 지켜 주시기 위해서 하나님의 법으로 우리를 묶어 놓으셨습니다.

1. 성도는 사랑 가운데서 행해야 합니다.

본문 2절은 "그리스도께서 너희를 사랑하신 것 같이"라고 말씀합니다. 그리스도께서 우리를 먼저 사랑했기 때문에 "너희도 사랑 가운데서 행하라"는 말씀입니다. 사도 요한도 우리에게 "말과 혀로만 사랑하지 말고 행함과 진실함으로 하자"고 말씀합니다(요일 3:18). 사랑 가운데서 행한다는 것은 예수 그리스도의 사랑을 구체적으로 우리의 삶 속에서 실천하는 것을 의미합니다. 사랑은 관념이 아니라 행동 언어입니다. 우리는 주님의 사랑 안에서 용서를 받았습니다. 용서하는 것은 여유 있는 삶이요 예수님으로 인한 넉넉한 마음입니다. 우리는 우리 죄와 허물을 그리스도 안에서 용서함을 받았습니다. 우리가 이처럼 그리스도 안에서 용서함을 받은 것은 하나님의 사랑을 입은 것입니다.

말씀 읽기 고전 13:4~7

2. 성도는 거룩한 생활을 해야 합니다.

하나님께서 창세전에 우리들을 택하신 목적 중 하나는 우리들로 하여금 거룩하고 흠이 없게 하시려는 것입니다. 예수 그리스도는 이 일을 위해서 오셨습니다. 단순히 주님은 우리들의 죄를 사해 주시고 지옥에서 건져 주시기 위해서 오신 것만은 아닙니다. 예수님은 우리들을 정결케 하셔서 자기의 친 백성을 만들기 위해 오신 것입니다. 그러므로 우리는 분별력 있는 생활을 해야 합니다. 우리들의 신앙고백은 생활과 일치해야 합니다. 우리들의 믿음이 예배를 드리는 장소에만 있어서는 안 됩니다. 우리가 살아가는 모든 장소에서 우리의 믿음이 나타나야 합니다.

시편 기자는 "우슬초로 나를 정결하게 하소서 내가 정하리이다 나의 죄를 씻어 주소서 내가 눈보다 희리이다"(시 51:7)라고 고백합니다. 우리가 열심히 하나님의 말씀을 읽고, 들을 때에 그 말씀이 우리의 영혼을 깨끗하게 씻어 우리의 영혼은 새로워지고 거룩해집니다.

이와 같이 우리 속에 있는 음란, 악독, 불순종, 탐욕과 같은 더러운 것들이 하나님의 말씀으로 씻겨 정결하게 됩니다. 오늘날 많은 사람들이 음행과 부정과 불결 등을 더러운 것으로 보지 않는 것이 문제입니다. 우리는 믿음의 선진들처럼 음행과 더러운 모든 것을 피해야 합니다. 탐욕은 돈을 사랑하는 것과 헛된 욕심을 말합니다. 돈을 사랑하는 것은 돈뿐만 아니라 돈이 우리에게 해 줄 수 있는 것을 생각하고 그 돈의 역할까지 사랑하는 마음입니다. 예수님은 "하늘에 계신 너희 아버지의 온전하심과 같이 너희도 온전하라"(마 5:48)고 말씀하십니다. 여기서 '온전하라'는 하나님이 죄와 전혀 상관없으신 것처럼 우리에게도 '죄와는 무관하게 행하라'는 말씀입니다.

바울은 우리에게 "너희 중에서 그 이름조차도 부르지 말라"(엡 5:3)고 말합니다. 이것은 '언급도 하지 말아라', '언뜻 암시도 하지 말아라'라는 의미입니다. 오늘을 사는 우리들은 보는 것, 듣는 것을 조심해야 합니다. 육신의 정욕과 안목의 정욕과 이생의 자랑이 우리를 더럽게 하기 때문입니다.

말씀 읽기 시 119:9~11

3. 성도는 감사하는 생활을 해야 합니다.

성도는 언어생활에 있어서 최선의 태도로 감사의 말을 해야 합니다. '감사하는 말'로 번역된 헬라어는 '성도들이 이미 예수 그리스도 안에서 경험한 하나님의 은혜에 대해 표현하는 감사 말'을 의미합니다. 그리스도인들은 그 입에서 항상 감사가 흘러 넘쳐야 합니다. 하나님은 감사하는 성도들에게 더욱더 감사의 조건들을 주실 것입니다.

감사는 성도들의 생활에 있어서 믿음의 표시입니다. 감사함으로 우리는 불평과 원망의 죄에서 벗어나게 됩니다. 이스라엘 백성들이 40년간 광야생활을 할 때, 하나님께서 그들에게 때때로 행하신 기적들을 잊어버리고 원망함으로써 광야에서 멸망을 당했습니다. 우리 성도의 생활은 감사해야 할 많은 조건들로 가득 차 있습니다. 먼저 우리는 우리에게 주신 일반적인 은총에 대해서 감사해야 합니다. 우리의 몸과 우리의 재물과 우리의 곡식과 하나님께서 우리에게 주신 모든 것은 감사할 조건들입니다. 주시는 자도, 취하시는 자도 하나님이십니다. 특히 우리는 우리를 죄와 사망에서 건져 주신 은혜에 대해 감사드려야 합니다. 영원히 멸망받을 수밖에 없는 우리들을 구원하셔서 사랑하는 아들의 나라로 이끌어 주신 그 크신 은혜를 기억하며 감사하는 성도가 됩시다.

말씀 읽기 살전 5:16~18

생각 나누기

01 성도가 사랑을 실천하는 방법은 무엇일까요? 서로 나누어 봅시다.

02 성도는 어떻게 거룩한 생활을 해야 할까요?

03 오늘 우리가 실천할 수 있는 감사의 말은 무엇일까요? 주님이 기뻐하실 감사의 말들을 적어 봅시다.

Date.

chapter 20

아름다운 부부

성경 | **엡 5:22~33(p.315)**

찬송 | 604(통288), 599(통305)

마음 열기

가정은 사회의 가장 기본적인 단위입니다. 따라서 기본인 가정이 병들어 가게 될 때 그 사회는 많은 문제가 발생하게 됩니다. 가정이 건강하기 위해서는 부부 관계가 바람직해야 합니다. 본문은 우리가 알아야 할 바람직한 부부 관계가 어떠해야 할지 설명합니다.

1. 육체적 조화를 이룹니다.

결혼 제도는 하나님에 의해 제정되었습니다(막 10:9). 결혼이란 둘이 한 몸을 이루는 아름다운 결합입니다(창 2:21~24). 따라서 부부 사이의 육체적 결합은 자연스러운 것이며, 하나님 안에서 서로 하나가 되어 생육하고 번성하게 하는 축복입니다. 우리는 다른 사람과 친분을 맺고 있을 때 그 사람을 '안다'고 표현합니다. 성경에서 '안다'는 단순한 '앎'이란 뜻 외에 성적인 의미도 가지고 있습니다.

단편적인 예로 한 여인을 두고 주변 사람들이 '그녀를 안다'고 말하는 것과 그녀의 남편이 '그녀를 안다'고 하는 데에는 큰 차이가 있습니다. '안다'라는 뜻을 가진 히브리어 '야다'는 단순한 앎이 아닌 '부부가 동침함으로써 서로 친숙하여지고 서로를 깊이 알게 됨'을 의미합니다(창 4:1). 이는 부부가 다른 어떤 관계보다 더 친밀하고 서로에 대한 깊은 이해를 갖는다는 뜻입니다. 앞에서 나타낸 것과 같이 하나님의 뜻 안에서 하나 된 부부의 육체적 하나 됨 또한 성결하고 아름다운 것입니다.

말씀 읽기 창 2:21~24; 막 10:9

2. 인격에 조화를 이룹니다.

부부가 육체적인 결합만으로는 완전할 수 없습니다. 육체적인 결합이 단순히 쾌락의 차원이 아니라 진실한 사랑으로 발전할 수 있는 것은 부부 사이의 인격적인 하나 됨을 통해서 이루어집니다. 우리는 창세기를 통해 아담이 하와를 향해 "내 뼈 중의 뼈요 살 중의 살"(창 2:23)이라고 고백하는 것을 봅니다. 이 고백은 남편 되는 아담이 하와를 자신의 부속물이나 종이 아닌 서로 사랑을 나누고 협력해야 할 인격적인 관계로 인정한 것으로 이해할 수 있습니다.

바울은 본문을 통해 아내는 남편에게 복종하고 남편은 아내를 제 몸과 같이 사랑하라고 합니다(22, 25절). 성도야말로 세상의 어떤 부부보다 믿음 안에서 인격적으로 하나가 되고, 인생의 동반자로 서로를 존중하는 부부 관계를 이루어야 합니다. 남녀가 만나 부부를 이룬다는 것은 이제까지 독신으로 지내고 있던 때의 모든 자유를 포기한다는 고백이요, 결단입니다. 또한 이것은 한 몸을 이룬 부부의 새로운 자유가 시작된다는 뜻이기도 합니다(창 2:24). 따라서 이제는 남편과 아내 사이의 역할에 따라 각자가 하는 일은 다를지라도 서로 간의 무관한 일은 없게 되는 것입니다.

말씀 읽기 창 2:23~24; 잠 31:10~31

3. 신앙의 조화를 이룹니다

육체와 인격이 하나가 되어도 한 가지 부족한 것이 있습니다. 그것은 신앙의 일치입니다. 부부가 서로 하나님을 믿는 믿음으로 하나가 될 때 하나님께서 짝지어 주신 배우자를(마 19:6) 서로 존경하고 사랑하고자 하는 마음이 진심으로 생겨납니다. 만약 그렇지 못할 때 부부는 영적 갈등을 겪게 됩니다. 이는 가정에 다툼의 원인이 되기도 합니다. 또한 함께 신앙생활을 할지라도 신앙의 불균형으로 오히려 서로에게 불편과 부담을 주기도 합니다. 그렇기 때문에 하나님 안에서 하나 된 부부는 매일의 생활에서 서로를 위해 기도하고, 함께 말씀을 읽으며, 찬송으로 하나님께 영광을 돌리는 경건생활에 힘써야 합니다. 그럴 때 가정은 온전히 하나 되어 하나님께서 기뻐하시는 아름답고 화목한 가정이 될 것입니다.

말씀 읽기 시 133:1~3

생각 나누기

01 부부의 하나 됨이 왜 중요할까요?

02 부부가 인격적인 조화를 이루며 한 믿음을 갖기 위해서는 어떻게 해야 할까요?

03 신앙의 가정임에도 불구하고 불협화음을 갖고 있는 가정의 문제점은 무엇이며 그 해결책은 무엇인지 나누어 봅시다.

chapter 21

사랑의 우월성

성경 | **고전** 13:1~4(pp.278~279)

찬송 | 150(통135), 303(통403)

마음 열기

사랑은 기독교의 근본이요 본질입니다. 하나님은 자신을 사랑(요일 4:10)이라고 말씀하시며 우리에게 이 사랑을 가르쳐 주셨습니다. 본문은 바로 이 사랑이 다른 어떤 것보다 더 우월한 가치를 지니고 있음을 설명합니다.

1. 사랑은 방언의 은사보다 우월합니다(1절).

1~3절에 "내가 … 할지라도 사랑이 없으면"은 "아무것도 아니요"라는 문장과 세 번씩 반복되며 연결되고 있습니다. 이와 같은 표현은 바로 사랑의 가치를 의미합니다. 바울은 먼저 사랑을 방언의 은사와 비교합니다.

'방언'은 사람들이 사용하는 언어 곧 외국어를, '천사의 말'은 하늘에서 천사들이 사용하는 언어를 의미합니다. 따라서 본문은 사람이 어떤 종류의 말인지 알 수 없는 고상한 말을 할 수 있을지라도 사랑이 없으면 아무것도 아니라는 뜻입니다.

바울은 고린도 교회에서 귀하게 여기는 방언의 은사를 아무리 잘 할지라도 사랑이 없으면 소리나는 구리요, 울리는 꽹과리와 같다고 말합니다. '소리나는 구리'에 해당하는 헬라어 '칼코스'로 고대 이교 신전에 달아 올린 구리판을 가리킵니다. 이는 논리적인 언변을 의미합니다. 이를 적용하면 방언을 아무리 잘 해도 사랑이 없으면 아무런 의미 없이 말하는 것과 같다는 의미입니다. 사랑이야 말로 방언을 능력 있고 가치 있게 하는 것입니다. 따라서 사랑의 가치야 말로 방언보다 우위에 있다고 할 수 있습니다.

말씀 읽기 고전 13:1

2. 사랑은 예언하는 능력보다도 우월합니다(2절).

'예언'에 해당하는 헬라어 '프로페테이아'는 장차 일어날 일에 대해 미리 말하는 것을 의미합니다. 따라서 예언하는 능력이 있는 사람은 다른 사람이 모르는 비밀과 많은 지식을 소유할 수 있습니다. 사도 바울은 이 예언을 덕을 세우고, 권면하며, 안위하는 수단으로(고전 14:3) 높이 평가합니다. 그리고 불신자들에게 하나님의 살아 계심과 그분이 언제나 함께 동행하신다는 사실을 증거할 수 있게 하는 유익이라고 말합니다. 하지만 이와 같은 예언일지라도 사랑이 없으면 아무것도 아닙니다. 그러하기에 우리는 예언보다 사랑을 먼저 구해야 합니다.

말씀 읽기 고전 13:2

3. 사랑은 능력 있는 믿음보다 우월합니다(2절).

'믿음'에 해당하는 헬라어로 '피스티스'는 구원을 얻기 위한 방편으로서의 믿음이 아닌 특별한 사람에게 한정된 은사로서의 믿음을 가리킵니다. 곧 하나님에 대한 전적인 신뢰로 인해 다른 사람이 못하는 이적을 행할 수 있는 믿음, 즉 믿는 자에게 주어진 일반적인 은혜로서의 믿음보다 구체적이고 가시적인 모습으로 나타나는 권능을 의미합니다. 하지만 이처럼 산을 옮길 만한 큰 믿음의 능력이 있다 할지라도 사랑이 없으면 아무것도 아닙니다.

말씀 읽기 고전 13:2

4. 사랑은 구제와 희생보다도 우월합니다(3절).

'구제'에 해당하는 헬라어 '프소미소'는 '먹을 것을 주는 행위'를 뜻합니다. 그러나 본문은 단순히 먹을 것만을 주는 것이 아닌 자신의 모든 것을 내놓는 강력한 의지를 의미합니다. 이와 같은 결단은 결코 쉬운 일이 아닙니다. 더욱이 자신을 불사르게 내어 준다는 것은 상상하기조차 어려운 일입니다. 만일 주위에 이런 사람이 있다면 우리는 그를 성자라고 부를 것입니다. 바울도 이 일이 얼마나 어려운가를 말합니다(롬 5:7). 그런데 이와 같은 거룩한 행위를 할지라도 사랑에서 시작된 것이 아니면 아무런 유익이 없습니다. 왜냐하면 그들은 이미 세상에서 영광을 받고 상을 받았기 때문입니다(마 6:2).

우리의 주변에서 이렇듯 자신을 내어 주는 이가 얼마나 있습니까?

이 일은 어느 누구에게만 한정된 것이 아닙니다. 사랑이 있으면 모두가 할 수 있습니다.

우리는 하나님 나라의 백성으로서 하늘의 신령한 것을 사모해야 합니다. 따라서 방언이나 예언도 있어야 합니다. 능력 있는 믿음을 가지고 큰 역사를 나타내는 성도가 되어야 합니다. 우리들이 가진 것으로 남에게 나누어 가난한 자의 고통을 돌아보고 분담하는 삶을 살아야 합니다. 그러나 이 모든 것에 가장 우선하는 것이 사랑임을 결코 잊어서는 안 됩니다. 사랑이 있을 때 비로소 이러한 은사들은 참된 가치를 지니게 됩니다.

말씀 읽기 고전 13:3; 14:1

생각 나누기

01 사랑이 모든 은사 중에서 가장 뛰어난 이유는 무엇입니까?

02 왜 사랑이 없으면 모든 은사가 가치 없는 것이 되어 버립니까?

03 우리는 어떻게 사랑을 실천해야 합니까?

Date.

chapter 22

한나의 자녀 교육

성경 | **삼상 1:24~28(p.409)**

찬송 | 199(통234), 542(통340)

마음 열기

부모에게 가장 큰 고민은 자녀 교육입니다. 이것은 오늘의 고민만은 아닙니다. 가정이 생긴 이래로 계속된 과제입니다. 한나는 이와 같은 고민을 신앙 교육에서 찾았습니다. 본문을 통해 우리도 성경적인 교육원리를 찾기를 소망합니다.

1. 유아기 시절부터 신앙 교육을 시켰습니다.

유대인들은 유아기의 교육이 한 사람의 일생을 좌우한다고 주장합니다. 따라서 그들은 유아기 때부터 절대적인 신앙 교육으로 철저한 유대인으로 자라나도록 교육합니다(신 6:4~9).

자식이 없어 슬픔 중에 있던 한나는 기도 응답으로 아들 사무엘을 얻게 되었습니다. 그녀에게 너무나 귀한 아들입니다. 그렇기에 더욱 함께하고자 하는 마음이 강했을 것입니다. 그러나 그녀는 그 아들을 주신 분이 하나님이시라는 사실을 잊지 않았습니다. 그녀는 자신이 서

원한 대로 어린 아들을 하나님께 드려 철저히 하나님의 사람으로 교육받을 수 있도록 하였습니다(24절).

신앙의 유산은 그 어떠한 유산보다 귀합니다. 믿음의 부모들은 마땅히 자녀들에게 신앙을 유산으로 물려주어야 합니다. 그러기 위해서는 자녀가 어렸을 때부터 신앙과 말씀 교육을 철저히 해야 합니다. 성경은 평생 믿음을 떠나지 않도록 마땅히 행할 길을 교훈합니다.

말씀 읽기 잠 22:6

2. 헌신적인 희생으로 교육에 최선을 다했습니다.

게으른 부모가 자녀에게 부지런하라고 가르치기 어렵습니다. 한 아이의 인격은 전적으로 그 부모의 인격과 교육에 달려 있습니다. 아이들은 부모들이 하는 것을 그대로 보고 배우기 때문입니다. 부모의 인격은 아이의 인격 형성에 가장 큰 영향을 미칩니다. 자녀에게 나쁜 인격이나 나쁜 생활 습관을 가르쳐 주고자 하는 부모는 없을 것입니다. 믿음의 부모들은 특히 자녀에게 신앙의 유산을 최우선적으로 물려주어야 합니다. 그러기 위해서는 무엇보다 부모들의 신앙이 모범적이어야 합니다. 신앙의 모범을 보이기 위해서는 많은 희생과 헌신이 필요합니다. 성경 주석을 쓰고 성경을 편찬했던 유명한 스코필드 박사는 그의 어머니가 날마다 그를 위해 주께 간구하였음에도 그리스도를 믿지 않았었던 사람이었습니다. 그의 어머니는 임종 때 "스코필드가 하나님을 섬기는 자가 되게 해 주십시오"라고 기도를 드렸다고 합니다. 그 어머니의 기도가 끝내 열매를 맺어 스코필드는 그리스도인이 되었고, 어머니께 전해 받은 신앙 유산으로 하나님을 잘 섬기는 그리스도인이 되었습니다. 부모는 자녀의 신앙을 위해 평생 힘써야 합니다.

성경은 지혜로운 아들은 아비를 기쁘게 하지만 미련한 아들은 어미의 근심이라고 했습니다(잠 10:1). 지혜로운 자녀들로 양육하기 위해서는 주의 교훈과 훈계로 양육하는 부모들의 헌신이 필요합니다.

말씀 읽기 엡 6:4

3. 하나님께 전적으로 맡기는 자세를 가졌습니다.

한나는 아들을 얻기 위해 하나님께 간절히 기도 드렸습니다(9~18절). 그러나 한나는 아들을 얻는 데서 그치지 않았습니다. 그녀는 아들을 하나님께 맡김으로써 하나님이 아들의 보호자가 되도록 하였습니다. 여기서 우리는 위대한 인물을 배출한 위대한 어머니로서의 한나의 믿음의 자세를 보게 됩니다.

한나의 아들을 드림은 모든 것을 하나님께 양도한 것이나 다름없습니다. 왜냐하면 그녀에게 아들은 자신의 전부일 만큼 소중했기 때문입니다.

자녀들은 우리가 이 땅에서 사는 동안 하나님께서 잠시 맡겨 주신 것일 뿐 자녀들의 진정한 보호자는 하나님이십니다. 우리는 철저히 청지기 의식을 가져야 합니다. 자녀를 하나님께 전적으로 맡기지 못하고 자신의 지식이나 경험으로 양육하려 하면 부모의 자녀 교육은 실패하기 쉽습니다. 그리고 결코 신앙의 유산을 물려줄 수 없습니다. 전적으로 하나님을 믿고 경외하며 그 명령을 지키는 것이 부모의 본분이며,

자녀에게 신앙의 유산을 물려줄 수 있는 지름길임을 명심하여 부모들은 모든 것을 하나님께 맡겨야 할 것입니다.

말씀 읽기 전 12:13

생각 나누기

01 어린 시절부터 신앙 교육이 중요한 이유는 무엇입니까?

02 한나의 자녀 양육이 우리에게 주는 교훈은 무엇인지 나누어 봅시다.

02 자녀를 양육함에 있어 하나님께 아이를 맡긴다는 것은 무엇을 의미할까요?

6월

성령사모의 달

chapter **23** 하나님께 쓰임 받은 라합

chapter **24** 성령의 내주하심

chapter **25** 오순절 성령강림

chapter **26** 성령이 하시는 일

Date.

chapter 23

하나님께 쓰임 받은 라합

성경 | 수 2:1~24(p.321~322)

찬송 | 347(통382), 585(통384)

마음 열기

성경에 많은 인물들이 나옵니다. 그 중에 라합이 있습니다. 라합은 인간적인 기준으로 쓰임 받기에 합당치 못한 자였습니다. 그녀는 아모리 족속으로서 이방인이었고 기생이었습니다. 그럼에도 불구하고 그녀는 하나님께 쓰임 받았습니다.

1. 하나님 나라 확장에 쓰임 받았습니다(4~11절).

여호수아는 가나안의 첫 관문인 여리고 성을 정탐하기 위해 두 정탐꾼을 파송했습니다. 그러나 여리고 성 보안은 철저했고 그들의 침입은 쉽게 발각되었습니다(수 2:2). 이스라엘의 계획은 실패로 끝나버릴 위기에 봉착했습니다. 그러나 갑작스러운 라합의 도움이 있었습니다. 두 정탐꾼은 무사히 백성들에게로 돌아와 가나안 정복의 첫 문제가 해결되었습니다.

하나님은 가나안 정복에서 라합을 사용하셨습니다. 라합을 통해 이스라엘을 인도하셨습니다. 이와 같은 라합의 모습은 국가 반역죄에 해당됩니다. 나라가 망하는데 앞장을 섰기 때문입니다. 하지만 라합이 이렇게 행동할 수 있었던 것은 그녀가 하나님에 대해서 듣고, 하나님께서 계획하신 바는 반드시 이룰 것임을 확신하였기 때문입니다. 라합은 사람을 두려워하지 않았습니다. 오직 하나님을 두려워하며 하나님이 이루실 역사를 미리 바라보았습니다.

우리는 몸은 죽여도 영혼은 능히 죽이지 못하는 자들을 두려워하지 말고, 오직 몸과 영혼을 능히 지옥에 멸하시는 자를 두려워해야 합니다(마 10:28). 하나님은 이러한 자들을 들어 하나님 나라를 확장해 나가는데 사용하십니다.

말씀 읽기 수 6:1~27

2. 이방 구원의 문을 여는 데 쓰임 받았습니다(15~20절).

유대인들은 하나님의 선민이라는 자부심이 대단합니다. 그런 이유로 그들은 이방인들을 배척하고 천시했습니다. 라합도 그들이 천시했던 이방인입니다. 더욱이 그녀는 기생이었습니다. 그러나 소속이 중요하지 않았습니다. 라합은 이스라엘 백성들이 홍해를 건너 출애굽할 때 이스라엘의 하나님 여호와가 행하신 일들을 듣고 그분이 참 신이시라는 사실을 알았습니다. 그리고 그 하나님을 믿었습니다. 라합의 이러한 믿음은 자신의 생애를 완전히 바꾸어 놓았습니다. 믿음이 그녀를 구원한 것입니다.

이 믿음의 근거가 어디에 있습니까? 바울은 말합니다. "그러므로 믿음은 들음에서 나며 들음은 그리스도의 말씀으로 말미암았느니라"(롬 10:17).

믿음은 그리스도의 말씀을 들음에서 생기고 그 말씀이 믿음의 기초가 됩니다. 라합의 신앙은 이 말씀에 기초한 것이었습니다. 라합은 하나님의 기사를 들었던 사람이고 그 사실을 마음에 품고 있었습니다(수 2:9~11).

라합은 정탐꾼을 숨겨 주고 그들이 안전하게 돌아가도록 도와주면서 그녀 자신과 그녀의 온 집안을 살려 줄 것을 요청합니다(수 2:12~13). 이러한 라합의 결단력 있는 믿음의 행동이 그녀와 그녀의 온 집을 구원받게 했습니다. 라합은 이방인이면서도 하나님의 백성들 속으로 들어왔고 예수 그리스도의 족보에 오르는 귀한 쓰임을 받았습니다.

말씀 읽기 행 13:44~52

3. 구속 사역의 한 일원으로 쓰임 받았습니다(20~24절).

라합은 하나님의 구속 사역에 쓰임을 받았습니다. 이것은 하나님의 무조건적인 선택으로 말미암은 것입니다. 다말은 베레스와 세라를 낳아 유다의 혈통을 이었습니다. 기생이었던 라합은 보아스를 낳았습니다. 모압 여인 룻은 오벳을 낳음으로 다윗 가문을 열었습니다. 동정녀 마리아에게서 성령으로 예수님이 탄생하셨습니다. 우리는 이 족보를 통해 라합이 하나님의 구속 사역에 크게 쓰임 받았음을 알 수 있습니다. 이러한 구속 역사는 인간의 혈통을 초월합니다. 라합이 구속 사역에까지 쓰임 받은 데는 합당한 이유가 있습니다.

그녀에게는 하나님을 향한 믿음의 고백이 있었습니다. 그녀는 "너희의 하나님 여호와는 위로는 하늘에서도 아래로는 땅에서도 하나님이시니라"(수 2:11)고 고백했습니다. 하나님을 신뢰하는 자는 분명한 신앙

고백이 있습니다. 신앙고백은 곧 신앙의 인격이며 헌신의 각오입니다. 하나님은 믿음이 분명한 사람을 자신의 그릇으로 사용하십니다.

믿음의 참된 열매는 순종하는 행동으로 나타납니다. 이스라엘이 여리고를 함락하러 들어왔을 때 그녀는 정탐꾼과의 약속대로 붉은 줄을 창에 내리고 온 집안 식구들을 집안에 머물게 했습니다(수 2:14~18). 이러한 순종이 라합의 집안을 구원에 이르게 했습니다. 믿음이 있노라고 말하면서 순종이 없고 행함이 없다면 그 신앙은 죽은 신앙입니다(약 2:14). 하나님은 믿음을 가지고 순종하는 자를 사용하십니다.

말씀 읽기 룻 4:11~22

생각 나누기

01 라합이 하나님께 쓰임을 받을 수 있었던 이유는 무엇이었을까요?

02 라합의 구원을 위한 결단력이 오늘 우리의 삶에 어떤 교훈을 줍니까?

03 하나님께서 라합을 구속 사역에까지 사용하셨던 이유는 무엇입니까? 우리는 어떤 믿음을 가져야 할까요?

Date.

chapter 24

성령의 내주하심

성경 | 롬 8:9~15(p.249)

찬송 | 187(통171), 190(통177)

마음 열기

생명이 있다면 거기에는 반드시 생명의 반응이 나타납니다. 성령으로 새 생명을 받은 사람에게도 그 생명의 증거가 나타나는 것이 당연한 이치입니다. 성경은 중생을 경험한 사람들에게 성령님이 내주하시는 증거로 성령의 열매들이 맺힌다고 말씀합니다. 따라서 삶 가운데 이와 같은 성령의 열매가 나타나지 않는다면 그 사람은 자신의 신앙생활을 심각하게 고민해봐야 합니다. 신앙생활에는 반드시 생명의 징후들이 나타나야 하기 때문입니다.

1. 중생한 영혼에 변화가 일어납니다.

중생한 사람의 영혼은 새 생명을 발휘하기에 적합한 상태가 됩니다. 주님은 우리에게 새 생명을 주심으로 새 사람이 되게 하셨습니다. 이와 함께 주님은 우리의 영혼의 기능을 고치셔서 '예수 그리스도의 생명'을 나타낼 수 있도록 하셨습니다.

따라서 중생한 영혼은 분명하게 예수 그리스도를 증거하는 삶을 살게 됩니다. 우리의 눈이 주님을 바라보게 되며 매일 주님을 찬양하게 됩니다. 그리고 예배를 사모하며 주님의 말씀이 우리 마음에 깊이 들어오게 됩니다. 우리에게 주님을 기뻐함이, 주님을 묵상함이, 주님을 증거함이 없다면 우리는 주님으로 중생했는지 다시 돌아보아야 합니다.

말씀 읽기 골 3:10

2. 주님과 관계에 변화가 일어납니다.

성령으로 중생한 이후 우리는 무엇보다도 하나님과의 인격적인 교제가 회복되는 경험을 하게 됩니다. 새로워진 마음이 하나님을 향해 그 기능을 발휘하기 시작한 것입니다. 하나님을 알기를 소망하며 하나님을 더욱 사랑합니다. 그리고 하나님 말씀에 순종합니다.

하나님과 사귐이 시작되면 동시에 새 생명을 부여받은 성도들과의 사귐도 시작됩니다. 즉, 하나님의 가족과 인격적인 사귐의 관계에 들어가게 됩니다(요일 1:3; 고전1:9; 고후13:13). 교회란 단지 하나님의 말씀을 가르치기만 하는 곳이 아닙니다. 동질의 생명을 가진 하나님의 백성들이 함께 모여서 생명의 교제를 나누는 모임입니다. 따라서 인격적인 사귐이 없다면 그 교회는 새 생명이 있다고 할 수 없습니다.

말씀 읽기 엡 2:22

3. 성령님의 인도함을 받습니다.

중생한 사람은 '새 생명'이 부여되는 은총뿐만 아니라 성령님께서 내주하시는 놀라운 증거가 나타납니다. 즉, 내주하시는 성령님의 인도로 새 생명이 발휘됩니다. 성도는 과거에 사단의 지배 아래에서 살았기 때문에 하나님에 대해서는 죽은 자와 같았습니다. 그런데 중생한 이후 새 생명이 성령님의 인도로 발휘되고 하나님을 향해 살아 움직이기에 살아 있다 말할 수 있게 되는 것입니다. 따라서 성령님이 내주하시느냐 그렇지 않느냐가 중생자이냐 아니냐의 중요한 기준점이 됩니다. 그리고 나아가 성령님의 인도를 받아서 살아가느냐 그렇지 않냐가 중생자와 비 중생자의 기준이 된다고 할 수 있습니다.

말씀 읽기 롬 8:14

생각 나누기

01 중생한 사람이 삶과 예배 가운데 나타나는 변화는 어떤 것이 있을까요?

02 중생한 이후 주님과 성도들과의 관계가 어떻게 달라집니까?

03 성령으로 인도받는 삶은 어떤 삶이라고 할 수 있을까요?

Date.

chapter 25

오순절 성령강림

성경 | 행 2:1~4(p.188)

찬송 | 184(통173), 190(통177)

마음 열기

유대인은 오순절을 두 가지 의미로 이해합니다. 하나는 율법을 부여하는 기간이요, 다른 하나는 처음 익은 곡식의 열매를 하나님께 드리는 시기입니다. 따라서 성령님이 오순절 날에 임하심이 시사하는 바가 큽니다. 그것은 오순절 성령강림으로 복음전파의 큰 수확을 거둘 수 있었을 뿐만 아니라, 신자들의 마음에 언약에 대한 하나님의 두 약속, 곧 "내 영을 너희 속에 두어"(겔 36:27)와 "내가 나의 법을 그들의 속에 두며 그들의 마음에 기록하여"(렘 31:33)가 이루어졌기 때문입니다. 따라서 오순절에 임했던 성령의 특성과 의미를 살펴보고자 합니다.

1. 바람 같은 성령이었습니다(2절).

오순절에 120명의 제자가 다 한곳에 모여 기도하고 있을 때 성령이 임했습니다. 이 오순절 날 임한 성령에는 뚜렷한 상징이 있는데, 첫째는 "급하고 강한 바람 같은 소리"(2절)입니다.

성경에는 성령의 사역을 바람에 묘사하는 경우가 종종 있습니다. 니고데모라 하는 유대인의 관원이 밤중에 주님을 방문했을 때, 주님은 니고데모에게 중생의 필요성을 이야기하면서 간접적으로 성령의 역사를 바람에 비유하셨습니다(요 3:8). 성령의 사역을 바람에 묘사하는 다른 구절은 에스겔서의 '마른 뼈의 이상'입니다. 마른 뼈를 소생시키기 위해 유골들 위에서 불었던 바람은 하나님의 성령입니다.

오순절 날 임했던 바람은 사방에서 부는 일반적인 바람이기보다는 '하늘로부터' 임한 바람이었습니다. 이와 같이 성령은 장소에 국한되지 않고 인간에 의해 통제되지 않음을 설명합니다. 하늘로부터 임한 성령의 바람은 새로운 힘을 공급하며 죄 문제를 해결하게 합니다. 그러므로 우리들은 성령의 역사가 우리에게 일어나기를 간절히 기도해야 할 것입니다.

말씀 읽기 겔 37:7~10

2. 불같은 성령이었습니다(3절).

성령의 두 번째 상징은 '불'입니다(3절). 하나님은 종종 자신을 불로 묘사하셨습니다. 히브리서는 "우리 하나님은 소멸하는 불이심이라"(히 12:29)고 말씀합니다. 하나님은 성경 곳곳에 불의 역사로서 자신을 계시하셨습니다(출 3:2; 왕상 18:38).

오순절에도 성령이 불같이 임하였습니다. 이 불로 그곳에 모인 자들의 심령이 정결해졌으며 자신을 하나님께 드리는 온전한 번제물이 될 수 있게 하였습니다. 이후 그들은 자신을 십자가에 온전히 헌신하는 사람으로 변화되었습니다.

그런데 본문을 좀 더 주의 깊게 살펴보시면, 성령의 상징은 단지 불이 아니라 불의 혀 같다고 합니다. 이는 불꽃이 강렬하게 피어오를 때 나타나는 모습으로 성령의 강한 역사를 상징합니다. 성령은 이사야를 제단 숯불로 깨끗하게 하신 사건(사 6:6~7)과 같이 정결케 하고, 그들로 참된 희생의 제사를 드림을 가능케 하였습니다. 이와 같이 성도들은 성령의 불같은 능력으로 죄에서 정결함을 얻어야 합니다. 정결함과 거룩함으로 새롭게 되어야 합니다. 뿐만 아니라 강력한 성령의 능력으로 성도들은 오직 진리인 복음만을 전하는 자가 되어야 할 것입니다.

말씀 읽기 대하 7:1~3

3. 충만한 성령이었습니다(4절).

성령은 그곳에 모인 무리들에게 충만함으로 임했습니다(4절). 그들을 본 사람들이 "새 술에 취하였다"(행 2:13)고 한 것을 볼 때 제자들에게 임한 성령의 역사가 충만하였음을 알 수 있습니다. 우리는 하나님이 인격적인 분이시라는 점을 명심해야 합니다. 성령 충만은 단순한 감정의 고양이 아닙니다. 성령님이 우리 가운데 역사하시는 인격의 감화입니다. '충만'이라는 말은 '어떤 것이 마음을 완전히 사로잡을 때'를 의미합니다. 예수 믿는 성도가 성령에 사로잡혀 있는 상태, 즉 성령의 영향을 강하게 받고 있는 상태를 의미합니다..

그렇기 때문에 술 취한 상태와 유사하기도 합니다. 술은 우리의 지, 정, 의를 무분별하게 마비시키고 타락시킵니다. 그러나 성령 충만은 우리의 지, 정, 의를 새롭게 변화시킵니다. 그러므로 성령 충만은 나를 변화시키는 감화의 역사라고 말할 수 있습니다.

성경은 성령 충만을 받은 제자들이 "성령이 말하게 하심을 따라 다른 언어들로 말하기를 시작하니라"(4절)라고 말씀합니다. 그들의 심령에 성령이 온전한 주인으로 인격적으로 내주하심으로써 나타난 역사입니다. 성령은 우리를 그리스도 안에서 새롭게 하며 승리의 힘을 공급하십니다. 우리는 성령 충만을 사모함으로서 채우시는 하나님의 은혜를 체험해야 할 것입니다.

말씀 읽기 행 7:55~56

생각 나누기

01 바람 같은 그리고 불같은 성령을 어떻게 표현할 수 있을까요?

02 내가 받은 성령의 은혜를 서로 고백해 봅시다.

03 성령 충만을 받은 성도의 삶에서 영적 생활은 어떻게 다를까요?

Date.

chapter 26

성령의 하시는 일

성경 | 행 2:1~12(p.188~189)

찬송 | 190(통177), 197(통178)

마음 열기

오순절은 이스라엘 삼대 절기 중 가장 즐거운 절기입니다. 여기에는 개종한 이방인들도 참여할 수 있었습니다. 많은 민족의 사람들이 모이는 이 감사 절기에 특별히 주님은 성령을 보내 주셨습니다. 주님은 복음을 효과적으로 전할 수 있도록 그들로 기다리게 하셨습니다. 그러면 성령이 하시는 일은 무엇일까요?

1. 하나님과 그의 아들 예수 그리스도를 알게 하십니다.

성령에 충만한 베드로가 예수 그리스도에 대해 담대히 증거하자 그 말을 듣던 백성들은 마음에 큰 찔림을 받았습니다(행 2:36). 이어서 베드로는 "너희가 회개하여 각각 예수 그리스도의 이름으로 세례를 받고 죄 사함을 받으라 그리하면 성령의 선물을 받으리니"라고 하였습니다. 이 날에 세례를 받고 제자가 된 자들이 삼천이나 더하게 되었습니다. 사도들은 성령에 충만하여 예수님을 전하고 가르쳤습니다.

성령은 우리에게 예수 그리스도를 가르쳐 주십니다. 그분의 말씀을 생각나게 하시고 예수를 바로 알아 예수를 하나님으로 섬기게 하십니다. 성령은 하나님과 예수 그리스도뿐만 아니라 모든 것에 대해 올바르게 가르쳐 주십니다. "너희는 주께 받은 바 기름 부음이 너희 안에 거하나니 아무도 너희를 가르칠 필요가 없고 오직 그의 기름 부음이 모든 것을 너희에게 가르치며 또 참되고 거짓이 없으니 너희를 가르치신 그대로 주 안에 거하라"(요일 2:27). 성령은 우리에게 하나님과 세상에 있는 모든 것들에 대한 참된 지식을 주시는 분입니다. 우리는 성령을 통해 하나님과 세상을 바르게 알 수 있습니다.

말씀 읽기 요 15:26

2. 우리의 인격과 삶 속에 성령의 열매를 맺게 하십니다.

성령은 제자들의 삶을 변화시켜 주셨습니다. 그들은 더 이상 재산이나 소유에 집착하지 않았고, 물건을 함께 사용하고 나누었으며, 날마다 마음을 같이하여 모이기를 힘쓰고, 하나님을 찬미하였습니다. 그들의 하나님과 이웃을 사랑하는 변화된 모습으로 온 백성들의 칭찬을 받게 되었습니다. 이 가운데 교회는 구원받는 사람들이 날마다 더해졌습니다.

성령은 거듭난 우리들을 성숙하게 하십니다. 성령은 우리 속에 있는 잘못된 부분들을 도려내시고 불태우며 새롭게 하십니다. 성령은 거룩한 영이시기 때문에 우리를 거룩하게 하십니다. 그러므로 성령을 따라 사는 사람들은 그들의 인격이 하나님을 닮아 갈 수밖에 없습니다.

우리는 날마다 우리를 성숙하게 하며 올바르게 인도하시는 성령을 따라 성령의 열매를 맺어야 합니다. "오직 성령의 열매는 사랑과 희락과 화평과 오래 참음과 자비와 양선과 충성과 온유와 절제니 이같은 것을 금지할 법이 없느니라"(갈 5:22). 우리가 성령의 열매를 맺을 때 우리는 많은 사람뿐 아니라 주님께 칭찬을 받게 될 것입니다.

말씀 읽기 요 15:1~11

3. 성령은 우리에게 새 힘을 주시며 우리를 인도해 주십니다.

성령이 우리에게 없을 때는 우리는 우리 자신의 힘으로 살았습니다. 그러나 성령이 오신 이후로 우리는 새 힘으로 살아갑니다. 예수님은 "오직 성령이 너희에게 임하시면 너희가 권능을 받고 예루살렘과 온 유대와 사마리아와 땅 끝까지 이르러 내 증인이 되리라 하시니라"(행 1:8)고 하셨습니다. 우리는 성령의 힘에 의지하여 살아야 합니다. 우리 육신은 약해 질지라도 우리 속에 계신 성령께서 날마다 새로운 힘을 주심으로 우리로 소생케 하십니다.

성령은 또한 우리의 길을 인도하십니다. 그러므로 우리는 성령을 의지하기에 힘을 써야 합니다. 성령은 우리로 올바르게 살도록 도우십니다. 우리가 힘들 때 우리를 위로하시며 우리를 장차 아버지의 품속으로 인도해 주실 것입니다. 그러므로 우리는 성령이 일하시도록 기다리며 성령이 우리 안에 충만하도록 기도해야 할 것입니다.

말씀 읽기 요 14:26

생각 나누기

01 성령님이 우리에게 주시는 은혜가 무엇인지 이야기해 봅시다.

02 성령의 열매 중 가장 소망하는 열매는 무엇인가요? 그 이유는 무엇인가요?

03 성령님이 인도해 주시기를 바라는 어려움이 있나요?

7월

성숙의 달

Date.

chapter 27

기다림의 비밀

성경 | 행 1:1~11(p.187)

찬송 | 175(통162), 176(통163)

마음 열기

그리스도인들은 기다림의 소망이 있는 사람들입니다. 부활하신 예수님은 승천하시기 전 제자들에게 '약속을 기다리라'고 말씀하셨습니다(행 1:4). 이는 기다림 없이 쉽게 열매를 얻고자 하는 우리에게 교훈하는 바가 큽니다. 본문을 통해 약속한 대로 기다렸을 때에 성도들에게 어떤 기쁨이 있었는지 살펴보겠습니다.

1. 약속하신 성령을 기다리라(5절).

예수님은 제자들에게 즉시 나가서 복음을 전하라고 하지 않으시고, 먼저 성령님을 기다리라고 말씀하셨습니다. 사실 제자들은 부활하신 예수님을 만났지만 여전히 두려움과 부끄러움이 있었습니다. 그들은 복음을 전할 만한 능력이 없었습니다. 예수님은 제자들에게 그들 자신의 힘으로 하나님의 일을 하라고 하지 않으셨습니다. 오직 성령을 기다리라고 하셨습니다. 그리고 그 성령이 오시면 권능을 받게 될 것이라고 말씀하셨습니다. 예수님의 제자들은 한곳에 모여서 열심히 기도하며 성령이 임하실 날을 기다렸습니다. 그들은 말씀대로 그곳을 떠나지 않았습니다.

성경의 많은 사람들은 하나님이 약속하신 때를 알지 못하고 기다렸습니다. 노아도, 아브라함도, 모세도 하나님의 약속을 기다렸습니다. 예수님은 우리에게도 약속의 때를 기다리도록 하십니다. 그러나 "때와 시기는 아버지께서 자기의 권한에 두셨으니 너희가 알 바 아니요"(행 1:7)라고 하셨습니다. 하나님의 약속이 언제 이루어질지 우리가 모르는 것이 우리에게 유익하기 때문입니다. 그러나 분명한 한 가지 사실은 하나님의 약속이 이루어질 그날과 시를 우리는 모르지만 하나님의 약속은 반드시 지켜진다는 사실입니다.

우리는 약속의 그날이 올 때까지 성령의 권능에 붙들리기 위해 기도해야 합니다. 우리는 기다렸다가 주님의 일을 시작하는 연습을 해야 합니다. 아무리 바빠도 기도를 쉬어서는 안 됩니다. 성령의 힘으로 무장할 때까지 기다렸다가 주님의 힘에 의지해 주님의 일을 시작해야 합니다. 성령은 우리를 끝까지 지키시고 강건하게 하여 우리로 예수님의 증인이 되게 해 주실 것입니다.

말씀 읽기 엡 5:16~21

2. 내 증인이 되리라(8절).

우리는 예수님의 증인들입니다. 제자들은 예수님의 십자가의 죽으심과 부활하심을 목격했고 부활하신 예수님의 손과 옆구리를 만져 보았습니다. 사도 요한은 "태초부터 있는 생명의 말씀에 관하여는 우리가 들은 바요 눈으로 본 바요 자세히 보고 우리의 손으로 만진 바라"(요일 1:1)고 증언합니다. 올바른 증인이 되기 위해서 우리는 똑바로 보고 듣고 체험해야 합니다. 그리고 하나님의 말씀을 올바르게 배우고 그 속에서 하나님과 예수님과 성령님을 만나야 합니다. 우리는 주님을 만나 분명히 보고 아는 것, 성경 속에 있는 것만을 증언해야 합니다. 우리가 어릴 때 주님을 아는 것과 성숙한 후에 주님을 아는 것은 다릅니다. 우리는 날마다 성숙을 향해 나아가며 깨달은 주님을 증언해야 합니다. 우리는 또한 지식만이 아니라 인격과 성품 등 모든 부분에서 자라가야 합니다. 우리가 준비된 증인이 되기 위해서는 먼저 성령의 충만함을 받아야 합니다. 그리기 위해 우리는 성령이 인도하시기를 기다리며 기도해야 할 것입니다.

말씀 읽기 벧후 1:16~21

3. 다시 오실 날을 기다리라(11절).

우리는 다시 오실 주님을 기다리며 사는 사람들입니다. 예수님은 모든 말씀을 마치신 후 하늘로 올라가셨습니다. 제자들은 올라가시는 주님을 쳐다보고 있었습니다. 그때 흰옷 입은 두 사람이 저희 곁에 서서 "너희 가운데서 하늘로 올려지신 이 예수는 하늘로 가심을 본 그대로 오시리라"(행 1:11)고 말하였습니다. 주님이 언제 오실 지는 아무도 모릅니다. 오직 아버지만 아신다고 말씀하셨습니다(마 24:36). 그러나 분명한 사실은 우리 주님은 반드시 오시며 오실 날이 가까워지고 있다는 사실입니다.

주님이 오실 날을 기다리며 사는 사람은 생의 분명한 목적을 가지고 있습니다. 다시 오실 주님이 심판하실 때 부끄럽지 않도록 매일 자신의 삶을 점검하며 증인의 삶을 사는 것입니다. 본문은 이와 같은 증인의 삶을 살도록 성령의 인도함을 받으라고 말합니다. 성령이 주시는 새 힘을 매일 얻으며 성령의 힘으로 일할 수 있을 때까지 준비하고 기다리라는 주님의 음성입니다. 우리는 우리의 모든 삶에 향방 없는 사람처럼 서두르며 시간을 낭비하지 말고, 하나님의 말씀과 힘으로 무장하여 하나님의 힘에 의지함으로써 주님의 증인이 되어야 할 것입니다.

말씀 읽기 살전 4:13~18

생각 나누기

01 주님의 일을 시작하기 전에 성령을 기다려야 하는 이유는 무엇입니까?

02 주님의 증인이 되기 위해서 필요한 준비는 무엇입니까?

03 주님이 다시 오실 날이 점차 가까워 온다는 사실을 어디에서 느낄 수 있습니까? 주님의 날을 준비하기 위해 우리는 무엇을 해야 할까요?

Date.

chapter 28

예수님을 배웁시다

성경 | 마 14:22~33(p.24)

찬송 | 93(통93), 96(통94)

마음 열기

예수님은 수고하고 무거운 짐 진 영혼들을 다 오라고 부르십니다(마 1:28~30). 예수님이 "다 내게로 오라"고 부르신 것에는 크게 두 가지 뜻이 있습니다. 첫째는 수고하고 짐 진 자들을 부르시는 부름이요, 둘째는 '내게 배우라'는 의미입니다. 우리는 오늘 예수님이 물 위를 걸으신 사건을 통해 우리에게 가르치시는 교훈을 생각해 보겠습니다.

1. 예수님의 고독을 배웁시다(23절).

예수님은 따르던 무리와 제자들을 먼저 보내시고 기도하시기 위해서 따로 산에 올라가셨습니다. 예수님은 그곳에서 홀로 계셨습니다(23절). 예수님은 하나님을 만나기 위해 홀로 고독하게 계셨던 것입니다. 예수님의 고독은 기도하기 위함이요, 하나님을 만나기 위함이었습니다. 예수님은 당시에 많은 바리새인들이 했던 것처럼 많은 사람이 보는 앞에서 자랑하며 기도하지 않으셨습니다. 예수님은 홀로 기도하시기 위해 산에 올라가셨습니다. 개인적인 은밀한 장소를 찾으셨던 것입니다.

우리의 믿음 생활은 조개가 진주를 만드는 과정과 같습니다. 문제들을 해결하기 위해 항상 애쓰며 하나님께 기도드립니다. 계속해서 기도하는 가운데 우리는 진주와 같은 귀한 믿음을 가지게 됩니다. 예수님은 우리에게 기도의 본을 보여 주셨습니다.

말씀 읽기 막 1:35

2. 예수님의 심방을 배웁시다.

예수님은 바다 위로 걸어 제자들에게 오셨습니다(25절). 이적을 통해 세상 만물을 지배하시는 분이심을 보여 주시고자 하셨던 것입니다. 예수님이 산에서 기도를 마치고 내려오실 때 제자들은 풍랑으로 인해 매우 고생하고 있었습니다(23~24절). 이때 예수님은 제자들을 향해 물위로 걸어오셨습니다. 예수님은 제자들을 향해서 두려워하지 말라고 하시며 그들을 안심시키셨습니다. 그리고 제자인 베드로와 함께 배에 오르자 바람이 그쳤습니다. 우리가 살아가고 있는 세상은 풍랑이 이는 바다와 같습니다.

많은 사람이 예수님을 만나지 못한 채 이리저리 흔들리고 있으며, 언제 어떤 일이 일어날지 두려움 가운데 세상을 살아가고 있습니다. 예수님은 불안해하는 우리들을 찾아오셔서 평안함을 주십니다. 우리는 이와 같은 평안의 복음을 믿고 있습니다. 예수님이 불안해하는 우리들을 찾아오셨듯이 우리도 연약하여 불안에 떨고 있는 자들을 찾아가 안심시키며 예수님의 은혜를 나눠야 합니다. 예수님의 찾아가심, 즉 심방은 평안을 끼치는 심방입니다. 우리도 예수님과 같이 연약한 자들을 심방함으로써 예수님이 주신 이 은혜의 평안을 전해야 할 것입니다.

말씀 읽기 요 20:19

3. 예수님의 관용을 배웁시다.

예수님은 즉시 베드로에게 손을 내밀어 베드로를 붙잡으셨습니다(31절). 사람은 누구나 약합니다. 어느 누구도 자신의 강함을 자부할 수 없습니다. 베드로는 예수님의 수제자로서 예수님의 말씀을 듣고 용감하게 자신도 바다 위로 뛰어 내렸습니다. 그러나 거친 풍랑을 보자 두려움이 일어나 결국 물에 빠져들어 갔습니다. 예수님은 그를 건져 주시면서 "믿음이 적은 자여 왜 의심하였느냐"고 책망하셨지만 믿음이 적었던 그를 사랑하셨고 관용을 베풀어 주셨습니다. 이와 같은 예수님의 모습은 우리로 연약한 자들을 향해서도 관용을 베풀어야 한다는 사실을 상기시켜 줍니다.

말씀 읽기 빌 4:4~7

생각 나누기

01 예수님이 홀로 은밀한 장소를 찾으신 이유는 무엇입니까? 우리에게 기도의 골방이 필요한 이유는 무엇입니까?

02 우리의 심방을 간절히 기다리며 와서 도우라고 요청하는 주변의 사람들은 없는지 서로 나누어 봅시다.

03 우리가 본받아야 할 예수님의 관용은 무엇입니까? 그리고 우리의 관용을 필요로 하는 자들이 누구인지 이야기해 봅시다.

Date.

chapter 29

벧엘에서 일어난 일

성경 | **왕하 2:23~25(p.563)**

찬송 | 338(통364), 597(통378)

마음 열기

'하나님의 집'이라 불리던 벧엘이 솔로몬 왕 사후에 금송아지를 섬기는 우상숭배의 중심지가 되어 버렸습니다. 그러나 하나님은 그곳에 선지 학교를 세워 그들의 죄악을 지적하고 하나님을 믿도록 섭리하셨습니다. 그러한 시기에 벧엘로 올라가는 엘리사를 작은 아이들이 대머리라고 놀린 사건이 있었습니다. 이때 엘리사는 아이들을 저주하였고, 갑자기 성난 암곰이 나와 42명을 죽인 사건이 일어났습니다. 과연 이들에게 무슨 일이 있었던 것일까요?

1. 벧엘의 작은 아이들은 배교의 죄를 저질렀습니다.

엘리사가 벧엘로 올라갔을 때 '벧엘의 작은 아이들'에게 대머리라는 놀림을 당합니다(왕하 2:23). 여기서 '작은 아이들'이란 선악을 분별할 수 있는 자들입니다. 엘리사는 일찍이 머리털이 빠져 대머리였습니다. 그렇다고 해서 그가 조롱의 대상이 될 수는 없습니다.

또한 그들은 엘리사에게 "올라가라 올라가라"고 하였습니다. 이 말은 "스승인 엘리야가 불 말과 불 수레를 타고 하늘로 올라갔다고 떠들어 대는 데 너도 함께 올라가지 왜 여기에 왔느냐?"는 조롱 섞인 말입니다. 엘리야의 승천 사건은 당시 근동 지방에서 큰 소동거리였습니다. 그러나 벧엘의 작은 아이들은 그러한 하나님의 초자연적인 권능을 불신하고 심지어 비꼬면서 조롱거리로 삼았습니다. 이런 소행은 하나님을 만홀히 여기고, 배신하는 배교 행위입니다.

저들의 배교 행위를 두 가지로 살펴보겠습니다.

첫째, 저들은 하나님의 사람을 조롱했습니다. 엘리사는 하나님이 세우신 영적 지도자입니다. 하나님은 엘리사에게 엘리야의 갑절의 영감을 허락하셨습니다. 엘리야가 승천한 후 요단강을 쳤을 때, 강물이 갈라진 것이 그 사실을 입증하였습니다(왕하 2:14). 그 후에도 엘리사는 수원(水源)을 고치는 이적을 행했습니다(왕하 2:15~22). 이러한 하나님의 사람을 벧엘의 작은 아이들이 조롱한 것입니다. 이것은 곧 그를 보내신 하나님을 조롱하는 행위였습니다. 성경은 하나님의 말씀을 멸시하고 하나님의 종을 욕하는 것이 죄라고 말합니다(대하 36:16).

둘째, 저들의 배교 행위는 계획적이었습니다. 23절에 작은 아이들이 성에서 나와서 엘리사를 조롱한 것은 미리 계획된 집단행동임을 보여 줍니다. 그리고 42명이나 되는 아이들이 죽은 것은 그 일에 가담한 자들이 그만큼 많았다는 것을 알려줍니다. 다수의 아이들이 미리 계획된 행동을 한다는 것은 하나님께서 엘리야를 불 수레와 불 말들에 태워 하늘로 올라가게 한 사실을 부인하고, 조롱하며, 멸시하고, 웃음거리로 여기는 것입니다. 그들은 의로우신 하나님의 능력을 조롱거리로 삼았습니다.

말씀 읽기 마 13:54~58

2. 벧엘의 작은 아이들은 징벌을 받게 되었습니다.

엘리사가 여호와의 이름으로 저주하여 42명의 작은 아이들이 죽었습니다(24절). 그러나 이것은 사사로운 복수가 아니었습니다. 엘리사는 그들의 배교 행위를 주시했습니다. 저들의 집단적인 말과 행동 속에 불신앙과 어두움만이 가득 차 있음을 보았다는 말입니다.

엘리사는 여호와의 이름으로 저주했습니다. 그때 하나님의 사람 엘리사는 '거룩한 충동'을 받았습니다. 엘리사는 하나님의 이름과 거룩함이 모독을 받고 있다는 사실을 직감했습니다. 결코 하나님은 그 이름과 영광에 모독을 당하지 않으시는 분입니다. 엘리사는 이를 너무 잘 알고 있었기에 '여호와의 이름'으로 그들을 저주한 것입니다.

저주의 결과 하나님은 그들을 즉각 징벌하셨습니다. 하나님은 말 못하는 미련한 짐승들을 수풀에서 불러내셨습니다. 그리고 그들로 하여금 그 본래 기질을 발휘하게 만드셨습니다.

벧엘의 작은 아이들은 하나님의 집에 살면서도 하나님을 알거나, 섬길 줄 모르고 금송아지를 섬기고 따랐습니다. 저들의 마을 이름인 '벧엘(하나님의 집)'과는 거리가 멀었습니다. 이것이 오늘 우리에게 향한 교훈입니다. 교회 안에 있으면서도 하나님을 믿지 않는 자들을 향한 경고의 말씀입니다. 그리스도의 몸인 교회 안에 있으면서도 물질과 지식과 자기를 우상으로 섬기고 있는 자들을 향한 경고의 음성입니다.

이 세상은 어떤 의미에서 '벧엘', 곧 '하나님의 집'입니다. 이곳은 사단의 나라가 아닌 하나님의 나라가 있는 구속의 현장입니다. 우리는 금송아지 숭배의 젊은이들이 되어서는 안 됩니다. 오히려 금으로 만든 바알을 섬기면서 하나님을 도전하는 무리들을 경계해야 합니다. 그리스도인이 된 우리들은 하나님을 경외하고 사랑하며, 섬기고 따라가야 하는 것입니다. 그리고 하나님의 영광을 위하여 최선을 다해야 합니다.

말씀 읽기 마 21:12~13

생각 나누기

01 벧엘의 작은 아이들의 행동이 왜 하나님을 만홀히 여기고, 배신하는 배교 행위라고 할 수 있습니까?

02 엘리사의 사건을 통해 우리가 얻을 수 있는 교훈은 무엇이라고 생각하십니까?

03 우리의 삶 가운데 거룩한 분노와 나의 사적인 분노를 비교하며 말해 봅시다.

Date.

chapter 30

시험하시는 하나님

성경 | 출 15:22~27(p.106)

찬송 | 272(통330), 471(통528)

마음 열기

본문은 그의 백성들을 출애굽시켜 어려운 상황 속으로 이끌어 가시는 하나님의 의도가 나타납니다. 그것은 바로 그들을 시험하시기 위함이었습니다(25절). 훈련할 때 가장 중요하게 여기는 것은 시험입니다. 시험을 통해 얼마나 훈련을 잘 받았는지 알 수 있기 때문입니다. 하나님은 왜 이스라엘 백성들을 시험하고자 하셨을까요?

1. 승리 후의 자만을 경계하기 위함입니다.

본문 출애굽기 15장 전반부에는 모세의 노래가 기록되어 있습니다. 이스라엘 백성이 홍해를 기적적으로 건너 기쁨에 가득 차서 하나님의 놀라운 영광과 능력을 찬송합니다. 그런데 이 승리의 노래가 끝나자마자 곧이어 마라라고 하는 곳에 이르러 쓴 물을 마시는 장면이 등장합니다. 여기에 하나님의 의도가 있습니다.

고통의 때가 언제 다가올지 아무도 모릅니다. 그때는 우리의 삶이 성공가도를 달리고 있을 때일 수도 있고, 영적으로 승리의 삶을 살고 있을 때일 수도 있습니다. 대부분의 사람들은 평안할 때 어려움에 대해 생각하지 않습니다. 그러나 우리가 가장 영적으로 깨어 있어야 할 때는 고통의 때가 아니라 평안할 때입니다. 그런데도 우리는 그 사실을 잘 깨닫지 못합니다. 큰 소리로 웃을 그때가 바로 큰 소리로 울어야 할 때라는 것을 모릅니다. 우리가 이것을 알지 못하기 때문에 하나님께서 승리 다음에 마라를 준비하신 것입니다. 그러므로 승리했을 때의 태도가 너무나 중요합니다. 바울은 말합니다. "그런즉 선 줄로 생각하는 자는 넘어질까 조심하라"(고전 10:12). 이는 우리에게 주는 경고입니다. 낙관적인 삶의 태도가 얼마나 허무한지 알아야 됩니다. 우리는 우리의 삶이 항상 아름다운 꽃길일 수 없다는 사실을 기억해야 합니다.

말씀 읽기 고전 10:12

2. 고통 중에 소망을 가르치기 위함입니다.

마라의 쓴 물을 마신 뒤에 이스라엘 백성들이 인도된 곳은 엘림입니다. 엘림은 마라의 쓴 물을 마시고 하나님께서 치료의 하나님이시라는 사실을 경험한 후 인도된 장소입니다. 그곳은 아름다운 거대한 오아시스로서 많은 사람이 쉴 수 있는 공간이었습니다(27절).

만약 풀리지 않는 인간관계, 사업, 공부, 가슴을 치고 싶은 답답함이 있다면, 그래서 내가 서 있는 자리가 마라라고 고백하고 있다면 본문 메시지에 집중해야 합니다. 본문은 그 고난에서 인내하며 나아가라고 말합니다. 조금만 더 가면 조금만 더 인내하면 엘림이 나옵니다. 그

조금을 참지 못하고 기다리지 못하는 것은 우리의 불행입니다. 기다려야 합니다. 시험의 때, 고난의 날이 있다고 하는 것은 그 이후에 엘림을 준비하신 하나님의 섭리가 있음을 알아야 합니다. 조금만 더 기다릴 때 하나님의 예비하신 은혜를 체험하게 될 것입니다.

말씀 읽기 롬 5:1~4

3. 하나님이 어떤 분이신가를 알게 하시기 위함입니다.

마라의 사건을 통해 이스라엘 백성이 알게 된 사실 하나는 바로 하나님에 대한 것입니다. 그들은 하나님이 어떤 분이신지 똑똑히 알게 되었습니다. 하나님이 누구이시며 하나님이 요구하시는 것은 무엇이고 우리를 위해서 하시는 일이 무엇인지도 보여 주셨습니다. 지금도 마찬가지로 하나님은 당신의 백성들에게 당신이 어떤 분인가를 나타내시기 위해서 마라의 시험을 허락하십니다. 오늘 본문에 나타나신 하나님은 어떤 분이십니까? 하나님은 누구십니까? 하나님은 말씀하십니다. "너희가 너희 하나님 나 여호와의 말을 들어 순종하고 내가 보기에 의를 행하며 내 계명에 귀를 기울이며 내 모든 규례를 지키면 내가 애굽 사람에게 내린 모든 질병 중 하나도 너희에게 내리지 아니하리니 나는 너희를 치료하는 여호와임이라"(26절).

하나님은 이스라엘의 하나님이십니다. 하나님은 그의 백성들이 그분의 말씀에 청종하기를 요구하십니다. 또한 의와 규례를 그들이 지키며 살아가기를 요구하십니다. 뿐만 아니라 모든 질병을 다스리시는 하나님이시라고 말씀합니다. 하나님은 치료의 하나님이십니다. 이것이 오늘 본문의 핵심입니다. 모든 치료는 하나님으로부터 옵니다. 모든 질병을 근본적으로 치료하시는 분은 하나님이십니다. 하나님은 우리에게 "나는 너희를 치료하는 여호와임이니라"고 하십니다. 진정한 치료자는 하나님이십니다.

말씀 읽기 왕하 20:1~11

생각 나누기

01 우리는 시험당할 때 어떤 마음으로 이겨내야 할까요?

02 고난 가운데서도 낙심하지 않고 인내해야 하는 이유는 무엇입니까?

03 우리의 삶 가운데 하나님의 치료가 필요한 부분을 나누어 봅시다.

Date.

chapter **31**

복 있는 사람

성경 | 시 1:1~6(p.804)

찬송 | 95(통82), 94(통102)

마음 열기

시편 1편은 시편의 서론으로서 인간 삶에 대한 원론적인 교훈을 제시합니다. 특별히 하나님을 경외하는 자의 행복과 악인의 멸망을 철저히 대조함으로써 시편 전체에 흐르는 일관된 사상을 함축하기도 합니다. 본문을 통해 인생의 진정한 복이 무엇인가를 살펴봅시다.

1. 복 있는 사람은 죄에 대해 멀리하는 사람입니다(1절).

본문 1절은 "복 있는 사람은 악인들의 꾀를 따르지 아니하며 죄인들의 길에 서지 아니하며 오만한 자들의 자리에 앉지 아니하고"라고 말씀합니다. 복 있는 자는 악을 거부하는 자를 가리킵니다. 악인의 꾀를 좇지 않음은 자신의 삶을 세상에 방임하지 않고 하나님에 의해 행동하는 것을 의미합니다.

복 있는 사람은 또한 죄인의 길에 서지 않습니다. '죄인'이라는 말은 화살이 표적을 빗나가거나 또는 길을 잃어버린 것을 가리키며 이는 하나님의 율법에서 빗나간 자를 의미합니다. 따라서 '죄인의 길'은 하나님이 요구하시는 믿음의 길, 생명의 길이 아닌 자기 자신의 길을 의미하는 것으로 볼 수 있습니다. 또 한 가지 복 있는 자는 오만한 자의 자리에 앉지 않는다고 했습니다. '오만한 자'는 '조롱하다' '비웃다'라는 뜻으로 하나님을 향해 악한 말로 조롱하고 비웃는 자를 가리킵니다. 우리가 살펴본 대로 하나님을 알지 못하는 죄인들의 생활이 가면 갈수록 더욱 악해짐을 볼 수 있습니다. 그러나 의인은 죄를 멀리 합니다. 그런 사람은 진정 행복한 사람입니다.

말씀 읽기 잠 24:9; 롬 6:23

2. 복 있는 사람은 하나님의 말씀을 가까이하는 사람입니다(2절).

죄악된 세상 가운데서 생활하면서도 죄를 멀리하는 사람은 하나님의 은혜를 분명히 체험한 사람입니다. 이러한 사람은 하나님의 말씀을 통해 하나님을 만나며 그 말씀에 감격하는 깊은 체험을 경험한 사람입니다.

참 믿음의 성도는 하나님께서 말씀하시는 모든 말씀들을 바로 분별하여 영적으로 깨닫고 하나님의 뜻을 찾으며 그 뜻을 기뻐하는 성도입니다. 그는 어떠한 상황에 있든지 말씀을 붙잡고 그 안에서 온전히 행합니다. 그리고 그 말씀을 주야로 묵상합니다. '묵상'은 연구적 태도로 조용히 그리고 깊이 생각함을 말합니다. 참으로 아름다운 믿음의 사람은 하나님 말씀의 깊이에 이끌려 조용히 그것을 생각하는 사람입니다.

말씀 읽기 딤후 3:16~17

3. 복 있는 사람은 그의 하는 모든 것이 다 형통케 되는 사람입니다(3절).

참으로 경건한 의인은 하나님의 복을 받습니다(1절). 그 복은 오늘 말씀에서 분명히 비유를 통해서 입증되고 있습니다.

첫째, 하나님께서 함께하는 성도는 시냇가에 심은 나무와 같습니다. 의인이 하나님의 말씀 안에서 항상 기쁨을 공급받는 상태를 시냇가에 심은 나무에 비유했습니다. 시냇가에 심은 나무는 언제든지 생수를 공급받습니다. 여기서 '시냇가에 심은 나무'의 원뜻은 팔레스틴에서 흔히 발견할 수 있는 간헐천이 아니고 인공적으로 만들어 놓은 수로(水路)를 말하는데, 나무가 잘 살 수 있도록 이 수로에 옮겨 심었다는 의미입니다. 즉 하나님께서 경건한 하나님의 백성들을 마치 사막에 심겨져 있는 나무를 뽑아다가 가뭄이 없는, 그래서 언제든지 물과 영양분을 공급받을 수 있는 시냇가로 옮겨 심은 것처럼 영적인 시냇가로 옮겨 심어 주신다는 말씀입니다.

둘째, 하나님께서 함께하는 성도는 시절을 좇아 과실을 맺습니다. '시절을 좇아'란 문자적으로 '그의 때'를 말하며 곧 우리 인생의 추수기를 의미합니다. 나무가 추수기에 열매를 맺는 것은 자연스런 결과입니다. 그것은 몸의 소생과 토지의 소산과 짐승의 새끼와 우양의 새끼가 복을 받을 것을(신 28:4) 말하기도 합니다.

셋째, 하나님께서 함께하는 성도는 그 잎사귀가 마르지 아니합니다. 잎사귀가 없는 나무는 죽은 나무입니다. 그러나 하나님께서 함께하는 성도는 하는 모든 일이 다 형통합니다. 그리고 어디로 가든지 형통할 것입니다. "내가 네게 명령한 것이 아니냐 강하고 담대하라 두려워하지 말며 놀라지 말라 네가 어디로 가든지 네 하나님 여호와가 너와 함께하느니라 하시니라"(수 1:9). 뿐만 아니라 영혼이 잘됨같이 범사에 잘되고 강건하게 되는 복을 받아 누릴 것입니다(요삼 1:2).

말씀 읽기 신 28:1~6

생각 나누기

01 악한 세상에서 복 있는 자로서 살아가기 위해 우리는 어떻게 해야 할까요?

02 하나님의 말씀을 사랑하기 위해 우리는 어떻게 해야 할까요?

03 악인의 길과 의인의 길이 이 땅에서는 어떻게 구별될까요?

8월

충전의 달

Date.

chapter 32

하나님께 드리는 헌금

성경 | **고전** 16:1~9(p.284)

찬송 | 50(통71), 208(통246)

마음 열기

본문은 바울이 고린도 교인들에게 예루살렘 교회를 위한 올바른 헌금에 대해 말씀하고 있습니다. 말씀을 통해 자신의 헌금 자세를 점검해보며 올바른 자세를 가지시기 바랍니다.

1. 헌금은 하나님께 모든 것을 드리는 표시입니다.

우리는 헌금을 예배 순서 중 하나로 간주하여 아무 의미 없이 습관을 따라 드릴 때가 많습니다. 그러나 헌금은 삶 전체를 하나님 영광을 위해 살아가겠다는 우리의 신앙적 결단입니다. 아프리카 선교사였던 리빙스턴은 유년시절 헌금을 드릴 때 돈이 없어 자신의 몸 전체를 헌금 주머니에 넣으려고 한 적이 있습니다. 이것은 우스꽝스러운 장난으로 보이지만 사실 하나님께 자신의 모두를 드리고자 하는 진지한 결단에서 나온 것입니다.

성경적 의미의 드림은 사랑하는 아들 이삭을 바친 아브라함에게서 잘 나타납니다. 어느 날 여호와께서 아브라함에게 사랑하는 독자 이삭을 모리아 산에서 번제물로 바칠 것을 요구하셨습니다(창 22:2). 이때 아브라함은 하나님의 말씀대로 아들을 바치려고 신앙의 결단을 하였습니다. 이와 같은 모습은 하나님을 전적으로 신뢰하지 않고는 행할 수 없는 결단입니다.

헌금은 형식적이거나 자기 과시적이어서는 안 됩니다. 헌금은 오직 나 자신, 나의 가장 귀한 것을 드리겠다는 결단입니다.

말씀 읽기 창 22:2~9

2. 가난한 자들을 위해 쓰여야 합니다.

본문에서 바울은 예루살렘 교회를 위해 사랑의 헌금에 대해 강조합니다. 초대교회 당시 예루살렘 교회에는 많은 빈민층 신자가 있었습니다. 그런데 그곳에 기근이 계속되자 형편이 너무 어려워졌습니다. 이를 알게 된 사도 바울을 비롯한 여러 사도들은 가는 곳마다 가난한 형제들을 구제하는 헌금의 중요성을 강력하게 말하였던 것입니다.

야고보 사도는 말합니다. "하나님 아버지 앞에서 정결하고 더러움이 없는 경건은 곧 고아와 과부를 그 환난 중에 돌보고 또 자기를 지켜 세속에 물들지 아니하는 그것이니라"(약 1:27). 이 말씀에서 보듯 하나님께 온전히 자신을 드리며 바친 헌금을 궁핍과 어려움을 겪고 있는 형제들을 위해 구제에 사용한 것이 초대교회 헌금의 주된 용도임을 알 수 있습니다.

예루살렘 교회를 위한 이와 같은 구제는 극도의 이기주의와 개(個)교회

중심주의에 사로잡힌 오늘날 교회들을 향해 많은 가르침을 전합니다.

야고보 사도는 진정한 경건과 진실된 믿음을 원하는 성도들이라면 이제 그 돌봄을 시행하라고 말합니다(약 1:27). 우리는 하나님께서 구제의 손길을 펴는 자의 손을 축복하신다는 사실을 명심해야 합니다(신 15:10).

말씀 읽기 신 15:1~11

3. 하나님 나라를 위해 쓰여야 합니다.

우리들이 이미 잘 아는 바대로 믿음의 성도들은 이 세상을 살면서 '하나님의 나라와 의'를 구하며, 하나님의 나라를 이 땅에 세우기 위해 애써야 합니다. 그렇다면 교회가 세상에서 하나님 나라를 위해 할 수 있는 최상의 과제는 무엇입니까? 그것은 선교입니다. 하나님은 일찍이 교회를 선교 담당의 도구로 세우셨습니다. 그러므로 교회는 모든 역량을 다 기울여 선교해야 합니다. 그리고 여기에 성도들이 바친 물질이 이 선교에 사용되어야 합니다.

매우 가슴 아픈 일은 오늘날 교회가 말로만 하나님 나라를 구하는 일이 많다는 사실입니다. 그러나 하나님의 나라는 말만이 아닌 믿음의 실천이 따라야 합니다. 그리고 이 실천에 주님께 드린 물질이 사용되어야 합니다. 주님은 주님의 나라를 위해 선교하는 모든 교회와 성도들에게 큰 은혜와 축복을 주실 것입니다.

말씀 읽기 마 6:33

생각 나누기

01 우리가 드리는 헌금은 어떤 의미가 있습니까? 우리는 헌금 생활을 어떻게 해야 합니까?

02 구제를 위해 교회는 어떻게 헌금을 사용해야 할까요?

03 하나님 나라를 위한 우리의 소망은 어떠합니까? 하나님 나라를 위해 어떻게 애써야 할까요?

Date.

chapter 33

용서하는 삶의 자세

성경 | 마 18:21~35(p.30)

찬송 | 426(통215), 276(통334)

마음 열기

모세가 공의의 원리를 말한 것과 달리(출 21:24), 예수님은 용서의 원리를 말씀하셨습니다. 예수님이 그렇게 용서를 강조한 이유는 무엇일까요? 우리는 예수님이 말씀하신 바와 같은 용서의 삶을 어떻게 살 수 있을까요? 말씀을 살펴보는 가운데 은혜를 나눌 수 있기를 바랍니다.

1. 먼저 자신이 주님께 용서받은 자임을 알아야 합니다.

주님은 죄로 인해 죽을 수밖에 없고 영원히 지옥의 형벌을 받을 수밖에 없는 우리들을 십자가의 공로와 하나님의 한량없는 사랑으로 용서해 주셨습니다. 이것이 우리가 용서의 삶을 살아야 하는 첫째 이유입니다. 뿐만 아니라 하나님은 우리를 자녀로 삼으시고 영원한 복락을 누리는 천국을 허락하셨습니다.

우리는 본문에 나오는 어떤 임금에게 일만 달란트 빚진 종과 같습니다. 일만 달란트는 아무리 노력해도 도저히 갚을 수 없는 엄청난 금액입니다. 이것은 인간 스스로 도저히 해결할 수 없는 무거운 죄의 값을 하나님께서 모두 갚아 주셨다는 의미입니다. 우리에게 아무 공로가 없습니다. 그저 하나님의 사랑으로 용서받은 것입니다. 바울은 말합니다. "너희는 그 은혜에 의하여 믿음으로 말미암아 구원을 받았으니 이것은 너희에게서 난 것이 아니요 하나님의 선물이라"(엡 2:8). 바울은 자신을 죄인의 괴수라고 고백합니다(딤전 1:15). 자신의 죄를 깊이 성찰했기 때문입니다.

우리는 모두 죄인이요, 하나님의 은혜로 구원함을 받은 자로서 다른 사람들을 용서할 수 있습니다. 주의 구원하심을 기억하기 때문입니다. 이것이 바로 주께 용서를 받은 성도들의 모습입니다.

말씀 읽기 엡 2:8; 딤전 1:15

2. 자신이 용서받은 그 능력으로 이웃을 용서해야 합니다.

일만 달란트 빚진 종이 갚을 능력이 없음을 알고 임금은 그의 빚을 조건 없이 모두 탕감해 주었습니다. 그런데 그 종은 밖에 나가 자기에게 백 데나리온 빚진 동관을 만나자 자기에게 빚진 것을 갚도록 요구하며 거칠게 행동합니다. 그는 그 빚을 다 갚도록 옥에 가두었습니다. 너무나 모순된 행동입니다.

엄청난 죄를 용서받은 우리가 다른 사람의 조그만 잘못도 용서하지 못한다면 하나님은 우리에게 그 죄 값을 도로 받겠다고 하십니다. 예수님은 "너희가 사람의 잘못을 용서하면 너희 하늘 아버지께서도 너희 잘못을 용서하시려니와 너희가 사람의 잘못을 용서하지 아니하면 너희 아버지께서도 너희 잘못을 용서하지 아니하시리라"(마 6:14~15)고 말씀하셨습니다.

용서에도 방정식이 적용됩니다. 주님의 방정식에 용서라는 개념을 넣으면 사랑이라는 결과가 나옵니다. 우리들도 주님의 방정식에 용서의 행함을 넣으면 주님께서 사랑이라는 열매를 맺게 해 주십니다. 믿음의 성도인 우리들은 남을 용서해도 좋고 안 해도 좋은 사람들이 아닙니다. 용서는 성도들에게 부과된 하나님의 절대적인 명령으로서 꼭 실천해야 합니다. 왜냐하면 주님은 사랑이시기 때문입니다. 오늘도 주님의 용서함을 통해 세상을 향해 용서를 베푸는 믿음의 성도들이 되라고 주님이 말씀하십니다.

말씀 읽기 마 6:14~15

3. 용서의 궁극적 모습은 형제를 사랑하는 것입니다.

한 여인이 간음하다가 현장에서 잡혔습니다. 유대인들은 그녀를 예수님 앞에 데려와 판결을 요구하였습니다. 그 판결에서 예수님은 그녀를 용서하셨습니다(요 8:1~11).

죽음 앞에 있는 예수님을 향해 로마 병정들은 희롱을 했습니다. 그들은 예수님의 옷을 제비뽑아 나누었습니다. 유대인들도 예수님을 향해 조롱했습니다. 그런 자들을 향해 예수님은 "아버지 저들을 사하여 주옵소서 자기들이 하는 것을 알지 못함이니이다"(눅 23:34)라고 기도하셨습니다. 예수님은 자신을 정죄하고 핍박하는 유대인들을 용서하신 분입니다. 예수님은 우리들을 향해 용서는 사랑이라고 말씀하십니다. 그러므로 믿음의 성도들이 추구해야 할 목표가 있다면 죽기까지 우리들을 사랑하신 예수 그리스도를 닮아 가는 것입니다.

다른 사람을 용서하지 않는 자는 이사야가 말한 평화의 왕이신 그리스도를 닮을 수가 없습니다. "이는 한 아기가 우리에게 났고 한 아들을 우리에게 주신 바 되었는데 그의 어깨에는 정사를 메었고 그의 이름은 기묘자라, 모사라, 전능하신 하나님이라, 영존하시는 아버지라, 평강의 왕이라 할 것임이라"(사 9:6) 그러므로 용서하기를 힘쓰는 자만이 주님의 마음을 가질 수 있다는 사실을 기억해야 할 것입니다.

말씀 읽기 눅 23:43; 사 9:6

생각 나누기

01 주님이 우리의 모든 죄를 용서하셨음을 믿고 고백하십니까?

02 우리는 이웃을 향해 어떤 용서의 자세를 가져야 할까요?

03 여전히 용서하기 힘든 사람이 있다면 우리는 어떻게 해야 할까요? 서로 이야기를 나눠 봅시다.

Date.

chapter 34

겸손한 성도

성경 | 요 3:22~29(p.147)

찬송 | 212(통347), 461(통519)

마음 열기

본문은 참으로 위대한 사람을 소개합니다. 그의 위대함은 주님도 인정하셨습니다. "내가 진실로 너희에게 말하노니 여자가 낳은 자 중에 세례 요한보다 큰 이가 일어남이 없도다"(마 11:11). 그렇다면 그가 위대했던 이유는 무엇이었을까요? 바로 겸손입니다. 본문은 그의 겸손의 비결을 소개합니다.

1. 하나님의 은혜를 먼저 생각합니다.

오랫동안 예언자가 없었던 시대에 광야에서 약대 가죽을 입고 메뚜기와 석청만을 먹으며 회개의 복음과 세례를 베풀고 있는 세례 요한의 이야기가 들려왔습니다. 그는 세인들의 관심을 집중시키기에 충분했고 많은 사람들이 세례 요한에게로 몰려와 그를 따랐습니다.

그때 세례 요한의 사역지와 멀지 않은 곳에서 예수님이 사역을 시작하셨습니다. 예수님의 사역은 신적 권위와 능력이 있었기 때문에 많은 이들이 모여들었고, 그 중에는 세례 요한을 따르던 이들도 있었습니다.

세례 요한의 제자들은 세례 요한에게 물었습니다. "랍비여 선생님과 함께 요단 강 저편에 있던 이 곧 선생님이 증언하시던 이가 세례를 베풀매 사람이 다 그에게로 가더이다"(26절). 인간적으로 보면 매우 섭섭한 일입니다. 그러나 세례 요한은 이를 마음에 품지 않고, 오히려 먼저 하나님의 은혜를 생각했습니다. 사람들이 자신에게 오는 것도 하나님의 은혜요, 자신을 떠나 예수께로 가는 것도 하나님의 은혜라는 의미입니다. "요한이 대답하여 이르되 만일 하늘에서 주신 바 아니면 사람이 아무것도 받을 수 없느니라"(27절).

나의 나 된 것이 하나님의 은혜임을 아는 사람은 결코 교만하지 않습니다. 하나님의 은혜를 바로 아는 이는 더욱더 겸손해질 수밖에 없습니다.

말씀 읽기 고후 12:1~10

2. 자신의 사명이 무엇인지 압니다.

자신에게 주어진 사명에 최선을 다하는 것이 겸손의 증거입니다. 그는 자신의 사명을 무시하지도, 그 이상의 것을 추구하지도 않았습니다. 오직 자신이 그리스도를 예비하는 자라는 사실을 바로 알고 있었습니다(28절). 그의 역할이 메시아의 들러리에 불과했지만 혼신의 힘을 다해 수행하였습니다. 많은 군중이 그를 향해 메시아가 아니냐고 물었습니다. 메시아가 되고자 하는 유혹이 있었을 법도 합니다. 오늘날에도 이와 같은 유혹을 이기지 못해 자신을 앞세우다 이단이 되는 경우도 있습니다. 이는 중범죄가 아닐 수 없습니다.

세례 요한은 자신이 단지 메시아를 예비하는 자임을 제자들에게 분명히 밝혔습니다. 오히려 그는 이 사실을 널리 알리라고 말하기까지 했습니다. "내가 말한 바 나는 그리스도가 아니요 그의 앞에 보내심을 받은 자라고 한 것을 증언할 자는 너희니라"(요 3:28). 여기서 우리는 그의 위대한 겸손을 볼 수 있습니다. 우리도 혹시 사명을 회피하고 태만에 빠져 있다면 자신을 돌아보고 회개하며 세례 요한처럼 묵묵히 자신의 사명을 감당해야 할 것입니다.

말씀 읽기 빌 3:10~16

3. 참다운 기쁨을 압니다.

사람마다 주어진 고유한 역할이 있습니다. 결혼식에서 신랑은 한 명만 있으면 됩니다. 신랑이 여럿일 경우 그 결혼식은 엉망이 되고 말 것입니다. 한 사람의 신랑과 많은 하객들이 있을 때에 그 결혼식은 더욱 빛이 납니다.

세례 요한은 이 결혼식에 하객으로 참석한 사람으로서 신랑 되신 예수께서 등장하시자 기쁨의 박수를 보낸 겸손한 사람이었습니다. "신부를 취하는 자는 신랑이나 서서 신랑의 음성을 듣는 친구가 크게 기뻐하나니 나는 이러한 기쁨으로 충만하였노라"(29절).

세례 요한의 기쁨은 예수님의 기쁨을 자신의 기쁨으로 소유한 데서 생기는 겸손입니다. 세상의 칭찬이나 세상이 주는 기쁨은 무가치합니다. 우리는 주님의 칭찬들 듣고 주님의 기쁨을 소유해야 합니다. 혹시 세상의 기쁨에 취해 참다운 기쁨을 잃어버리고 교만한 가운데 있다면 회개하고 돌이켜야 합니다. 세례 요한은 겸손한 사람이었기에 큰 자로 칭함을 받았습니다. 그의 결정적인 고백을 들어보십시오. "그는 흥하여야 하겠고 나는 쇠하여야 하리라 하니라"(30절). 혹시 우리는 반대로 생각하면서 살고 있지는 않습니까? "그는 쇠하여야 하겠고 나는 흥하여야 하리라." 우리는 자신을 돌아보고 세례 요한의 겸손을 가질 수 있어야 합니다.

말씀 읽기 빌 1:12~18

생각 나누기

01 주님이 기뻐하시는 겸손은 어떤 것일까요? 세례 요한의 예를 가지고 이야기해 봅시다.

02 주님이 아닌 나를 높이고자 하는 교만한 마음이 우리에게는 없는지 나누어 봅시다.

03 겸손한 자를 높이시는 주님의 은혜를 함께 나눠 봅시다.

Date.

chapter 35

교만은 패망의 지름길

성경 | 왕하 20:12~18(p.599)

찬송 | 325(통349), 390(통444)

마음 열기

성경은 교만이 패망의 선봉이라고 말합니다(잠 16:18). 우리는 히스기야로부터 대표적 예를 발견할 수 있습니다. 그의 교만은 자신을 문병하러 온 바벨론 사절단에게 예루살렘 왕궁 안의 모든 보물을 보여 주는 데서부터 비롯됩니다. 히스기야는 하나님을 자랑하고 그 은혜를 높이기보다 자신의 부귀영화를 자랑하고자 하였던 것입니다. 본문을 통해 교만한 자의 문제를 살펴보고자 합니다.

1. 교만한 자는 자신의 능력을 의지합니다.

히스기야는 죽을 병에 걸렸던 사람입니다. 하지만 이때 그는 믿음으로 하나님 앞에 섰습니다. 하나님은 그의 눈물의 기도를 들으시고, 그의 생명을 연장시켜 주셨으며, 재물과 부강함을 더해 주셨습니다. 하지만 히스기야는 그 부와 영화가 자기 자신의 힘으로 얻은 것처럼 과신하기에 이르렀습니다. 그래서 그는 바벨론 사절단이 왔을 때에 겸손히 하나님께서 행하신 일들을 알리기보다는 자신의 왕궁에 있는 모든 금은보화를 보여 주기에 여념이 없었습니다. 자기를 들어내고자 하는 욕망이 고개를 든 것입니다.

성도 역시 이처럼 자랑하고자 하는 욕망에 사로잡히면 교만하게 됩니다. 그러나 하나님은 교만한 자를 그대로 두시지 않습니다. 하나님은 반드시 낮추시고 흩으십니다(잠 16:18~19). 하나님께서 우리에게 재물이나 능력을 주실 때는 교만하게 자신을 과시하라고 하신 것이 아닙니다. 우리는 오직 하나님의 영광을 위해 사용해야 합니다.

말씀 읽기 잠 21:4; 29:23

2. 교만한 자는 하나님의 능력을 외면합니다.

교만한 자는 하나님보다 자기를 더 의지합니다. 자기에게 능력이 있다고 믿기 때문입니다. 많은 사람들이 재물과 지식, 명예 등을 쌓아가면서 자기의 능력들을 과신하고자 합니다. 그러나 필요 이상으로 집착하고 쌓으려 한다면 오히려 공허만이 남게 됩니다. 그 안에 참된 소망이 없기 때문입니다. 소망은 오직 하나님께만 있습니다.

하나님을 의지하는 자에게는 두려움이 없습니다. 그것은 하나님께 참된 힘과 권능이 있기 때문입니다. 따라서 하나님을 바라보는 자는 인간이 불완전하며 내세울 것이 없는 허약한 자임을 고백합니다. 하나님이 진정 우리에게 힘이 되어 주실 때 우리는 그 권능으로 승리할 수 있습니다.

말씀 읽기 시 28:7; 52:7

3. 교만한 자는 결국 진노의 심판을 당합니다.

교만은 패망의 선봉입니다(잠 16:18). 하나님은 교만한 자를 기뻐하지 않으십니다. 히스기야 왕의 책망받는 모습을 보십시오. 그는 선지자 이사야로부터 하나님의 진노하심을 전해 들었습니다. 왕궁의 모든 것과 그의 열조가 쌓아 둔 모든 것을 바벨론에게 다 빼앗기게 될 것이라고 하였습니다(17, 18절). 히스기야는 이렇게 무너지고 말았습니다. 이것은 한낱 질그릇에 불과한 인간이 토기장이의 영광을 가로채려고 하다가 그의 망치에 깨지고 마는 꼴입니다. 히스기야의 교만을 하나님은 그냥 두지 않으셨습니다.

교만은 결코 자라나서는 안 되는 악입니다. 그러하기에 우리는 교만의 싹을 하나님 말씀으로 제거하고 대신 겸손으로 허리를 동이는 성도들이 되어야 할 것입니다(벧전 5:5). 이렇게 할 때에 하나님은 무서운 진노대신 형통케 되는 은혜를 베풀어 주시는 것입니다(잠 3:34). 본분을 잘 알아 하나님의 영광을 하나님께 드림으로 하나님을 기쁘시게 하는 성도가 되어야 합니다.

말씀 읽기 잠 16:18; 벧전 5:5

생각 나누기

01 우리에게 힘이 된다고 믿으며 의지하는 것들이 무엇이 있는지 나눠 봅시다.

02 하나님께 참된 소망을 두고 있을 때 우리의 행동은 어떻게 달라질까요?

03 혹시 하나님의 영광을 가로채고 있는 교만이 우리 안에 있는지 나눠 봅시다.

9월

다짐의 달

Date.

chapter 36

하나님의 예정

성경 | 엡 1:1~14(p.310)

찬송 | 305(통405), 300(통406)

마음 열기

'하나님의 예정'은 기독교의 큰 신비 중 하나입니다. 또한 이것은 인간의 짧은 이성으로 다 이해할 수 없음을 전제합니다. 그럼에도 불구하고 분명 하나님은 그 기쁘신 뜻대로 우리를 그 사랑 안에서 예정하셨습니다. 이것은 우리의 선행에 의한 구원이 아니라 전적인 하나님의 은혜이며 예정하심입니다. 아무도 "왜 하나님께서 누구, 누구를 택하셨는가?"라고 질문할 수 없습니다. 오직 그분의 예정 가운데서 택함을 입은 우리는 감사할 따름입니다.

1. 예정은 하나님의 구원의 설계도입니다.

에베소서는 하나님이 인간의 구원(교회)을 위해서 설계하신 것이 예정이라고 가르칩니다. '예정'(Proorizo)이라는 말은 '미리 선을 긋다'라는 뜻입니다. 또한 '설계도를 완성하였다'는 뜻과도 같습니다. 그렇기 때문에 교회를 향한 하나님의 뜻은 이미 완성되어져 있다고 말할 수 있습니다. 그러나 교회가 하나님의 주관과 예정에 관계없이 인간 중심으로 나아갈 때 그곳을 기독교라고 할 수 없습니다.

하나님의 예정이라는 설계도면에서 오차가 생긴 집은 준공 검사를 받지 못하게 됩니다. 철저하게 하나님의 예정에 의해서 구원이 시작되고 하나님의 구원을 성취하신 예수 그리스도 안에 선택된 자들만이 구약에 그토록 많이 이야기한 복의 실체인 하늘에 속한 신령한 복을 얻게 됩니다. 그렇기 때문에 예정 교리는 교회가 세워지는데 기초 도면과 같은 역할을 합니다. 예정된 자들만이 교회의 참된 구성원이 될 수 있습니다. 단지 교회 안에 가라지와 알곡이 섞여 있는 것은 이 세상에서 우리가 완전치 못하기 때문입니다. 분명 하나님의 교회는 하나님 안에서 예정된 자들이 모인 공동체입니다. 그리고 그 예정은 바로 하나님의 설계도입니다.

말씀 읽기 시 139:16

2. 예정은 하늘의 신령한 복입니다.

하늘에 속한 신령한 복이란? 성령으로 부어 주시는 하나님의 넘치는 은혜와 사랑을 의미합니다. 교회 선교 역사를 통해 볼 때 많은 주의 종들이 예정론을 믿고 복음을 전하자 놀라운 영적 각성과 부흥이 일어났습니다. 그러나 18세기 이후 현대로 접어들면서 현대주의 신학을 추종하는 자들은 예정 교리를 반대하였습니다. 예정 구원설을 반대하는 자들은 인간이 구원을 받기 위해서는 구원받을 만한 행위를 해야 한다고 생각합니다. 그러나 예정 교리는 착한 일을 '시작하신'이가 마지막 날까지 이루실 줄 확신하며, 나태하거나 방종하지 말고, 오히려 하나님의 설계도대로 완공이 될 수 있도록 두렵고 떨림으로 복종하며, 자신에게서 구원의 열매가 나타나도록 힘쓰게 되는 것입니다(빌 2:12~13). 감자의 씨눈이 있는 조각은 땅에 심으면 싹이 나지만, 씨눈이 없는 감자 조각은 아무리 큰 덩어리로 심는다고 해도 싹이 나지 않습니다. 다만 썩고 맙니다. 예정의 복음을 물 주듯이 전하는 교회는 하나님께서 신앙의 심지가 굳어지고 자라는 성도들이 늘어가도록 하실 것입니다. 그리고 하나님께서 나를 사랑하신 그 사랑이 변치 않고 영원하다는 사실을 신앙으로 고백하는 성도들이 있는 교회는 반석 위에 지은 집과 같이 견고하게 될 것입니다.

말씀 읽기 롬 4:21

3. 예정은 하나님의 은총의 역사입니다.

하나님의 예정은 우리를 하나님의 아들이 되게 하셔서 하나님의 은혜의 영광을 찬미하도록 하는 데 있습니다. 허물과 죄로 죽었던 자들을 그리스도 안에서 살려서 영광스러운 하나님의 자녀로 삼으시고 새사람이 되게 하시는 일은 하나님의 예정 증거입니다. 예수 그리스도를 하늘과 땅에 속한 모든 것들의 기준으로 삼으시고 그 안에서 통일되게 하려는 것이 예정의 목표입니다. 죄를 하나도 짓지 않았다고 할지라도 아담 안에서 태어난 모든 사람은 하나님의 율법을 범한 죄인으로서 받을 형벌을 피할 수 없습니다. 어떤 사람들은 예수 그리스도의 대속의 법칙 안에서 하나님의 구속을 받는 사람이 있습니다. 그들은 창조의 법칙으로 보면 죄 값을 지불해야 하지만 예수 그리스도의 십자가의 죽으심으로 인해 추수의 법칙을 바꿔 적용받은 것입니다.

하나님의 예정은 예수 그리스도 안에서 있습니다. 이를 인정하지 않는 사람들은 나중에 얼마나 두려운 일이 일어날지 모르고 있습니다. 예수 그리스도의 대속의 법칙 안에 살도록 예정하신 사람들은 그리스도 안에서 회개하고 용서받고 그를 믿는 믿음으로 살아가기 때문에 하나님의 예정의 복음에 대해 찬송하지 않을 수 없습니다. 하나님의 예정 안에서 믿음으로 살아갈 때 하나님의 계획이 우리 삶 속에 날이 갈수록 아름답게 이루어져 찬양의 삶이 될 것입니다.

말씀 읽기 빌 1:6

생각 나누기

01 하나님의 예정하심의 목표가 어디에 있다고 생각하십니까?

02 하나님께서 우리 안에 계획하신 일을 이루기 위해서 우리가 해야 할 일들은 무엇인지 나누어 봅시다.

03 하나님의 심판과 구원이 반드시 이루어질 것임을 믿는 우리에게 어떤 소망이 있습니까?

Date.

chapter 37

영생과 사귐

성경 | 요 10:14~15, 27~28(pp.163~164)

찬송 | 438(통495), 442(통499)

마음 열기

하나님은 자신의 형상대로 인간을 창조하셨기에 인간은 하나님을 갈망하는 영적인 존재가 되었습니다. 따라서 인간은 하나님을 알고 하나님과 인격적인 관계를 맺고 살아야 합니다. 그렇기에 예수님은 말씀하십니다. "영생은 곧 유일하신 참 하나님과 그가 보내신 자 예수 그리스도를 아는 것이니이다"(요 17:3). 본문은 우리에게 영생으로 나아가는 길을 설명합니다.

1. '안다'는 것은 관계와 사귐입니다.

성경에서 '안다'는 것은 특별한 의미로 설명됩니다. 헬라적 개념으로 볼 때 '안다'는 자기의 의식 안에 어떤 사물의 실상을 반영해 비추는 것으로서 인격적 관계의 의미로 이해할 수 있습니다. 따라서 그를 '안다'는 것은 그와 교제를 나누며 관계를 맺어 그와 서로 우정을 나누는 것을 의미합니다.

이와 달리 히브리적 개념의 '안다'는 생활 가운데서 그를 경험하고 함께하는 것을 의미합니다. 그래서 '안다'에 '사랑'과 '선택'의 의미가 포함되어 있는 것으로 봅니다. 따라서 '그를 안다'고 하면 그와 특별한 관계로서 사랑으로 선택하였던 것으로 말할 수 있습니다.

따라서 하나님께서 우리를 아시고 우리가 하나님을 안다는 것은 단지 지식의 문제가 아니라 '만남'이었고 '사귐'이었음을 알 수 있습니다.

말씀 읽기 요 17:3

2. '사귐' 가운데 들어가는 것이 곧 영생입니다.

사도 요한은 복음을 전하는 목적이 사귐이 있게 하려는 것이라고 합니다. '사귐 가운데에 들어가는 것'이 곧 구원이요, 영생이요, 새 생명을 얻는 것입니다. 즉 하나님과의 인격적인 교제 가운데 들어가는 것이 구원을 받는 것이요, 영생을 얻는 일입니다. "우리가 보고 들은 바를 너희에게도 전함은 너희로 우리와 사귐이 있게 하려 함이니 우리의 사귐은 아버지와 그의 아들 예수 그리스도와 더불어 누림이라"(요일 1:3).

반대로 하나님과의 사귐이 단절된 상태를 죽음이라고 합니다. 하나님과 인격적인 관계가 단절된 것이 죽음이라 한다면 다시 하나님과 인격적인 관계가 회복된 것이 곧 영생입니다. 그래서 성경에서는 종종 새 생명을 얻은 사람을 그리스도와 새로운 관계에 들어간 것으로 묘사합니다(갈 2:20; 계 3:20). 따라서 사귐에서 떨어져 나가면 생명이 없습니다. 하나님과의 사귐은 곧 그의 생명을 가진 자들과의 사귐 가운데로 들어가게 합니다. 따라서 동질의 생명을 가진 무리들과의 사귐이 없다면 영생이 있는지를 알 길이 없습니다. 우리는 하나님과의 사귐을 바탕으로 교회 안에서도 다른 사람과 사귐을 갖게 됩니다. 이것이 바로 주님이 우리에게 주신 영생의 증거이자, 축복입니다.

말씀 읽기 요일 1:3

3. '사귐' 가운데 들어가는 것이 구원의 궁극적인 목적입니다.

하나님께서 우리를 부르셔서 구원하신 목적은 교제에 참여하게 하시기 위함입니다(고전 1:9). 구원 자체로 모든 것이 끝나는 것이 아닙니다. 하나님과의 교제에 참여하게 됩니다. 따라서 구원받은 성도는 하나님과 다른 성도와의 교제가 있게 됩니다. 바울 사도는 고린도 교회에 보낸 두 번째 서신의 마지막 축도 부분에서 성령의 교통하심이 함께하시기를 기원하였습니다. "주 예수 그리스도의 은혜와 하나님의 사랑과 성령의 교통하심이 너희 무리와 함께 있을지어다"(고후 13:13).

성령님은 당신의 백성을 거듭나게 하셔서 새 생명을 주시는 데까지만 역사하고 끝내지 않으시고 같은 생명을 가진 성도들과의 교제를 계속하게 하십니다. 따라서 성령님의 중생케 하시는 사역을 통해서 새 생명을 얻은 자는 반드시 하나님과 함께 성도들과도 교제하게 됩니다. 이 교제는 지상 교회 안에서만의 사귐이 아니라, 영원한 하나님 나라에서도 지속될 사귐입니다. 이것은 놀라운 축복입니다. 하나님 나라는 하나님과 영원한 사귐이 있는 곳입니다. 하나님은 바로 우리를 이러한 사귐 가운데로 영원토록 불러내신 것입니다.

말씀 읽기 고전 1:9

생각 나누기

01 하나님이 우리를 아신다고 할 때 우리는 어떻게 이해할 수 있습니까?

02 하나님이 우리를 불러내신 목적은 무엇입니까?

03 성도 안에서 서로 사귐을 갖기 위해 우리는 어떻게 해야 할까요?

Date.

chapter 38

부자의 합당한 삶

성경 | **딤전** 6:17~19(p.342)

찬송 | 515(통256), 314(통511)

마음 열기

우리가 이 세상을 살아가는 데 있어서 물질은 아주 중요한 요소입니다. 우리는 될 수 있으면 우리의 삶이 좀 더 풍요롭기를 바랍니다. 그러나 중요한 것은 우리가 얼마나 많은 물질을 가지고 있느냐 하는 것이 아니라 그것을 어떻게 쓰는가 입니다. 사도 바울은 디모데에게 부자들을 어떻게 권면해야 하는지 교훈합니다. 이것은 우리가 마땅히 가져야 할 자세이기도 합니다.

1. 마음을 높이지 말아야 합니다.

부유한 자들이 제일 빠지기 쉬운 함정은 교만입니다. 인간은 가진 것이 넉넉하게 되면 사람 앞에서 뿐만 아니라 하나님 앞에서도 자고하게 되며, 심지어 하나님을 모른다고 부인하기까지 합니다(겔 28:5; 신 8:13~14). 그러므로 부유한 자들이 먼저 취해야 할 자세는 겸손입니다. 성경은 여호와께서 사람으로 부하게 하신다고 말씀합니다(잠 10:22).

바로 물질의 소유주가 하나님이시라는 의미입니다. 우리는 오직 그분이 주신 물질을 관리하는 청지기에 불과합니다. 그리고 하나님이 우리에게 주신 물질은 주님의 영광을 위한 것으로 언제든지 도로 취해 가실 수도 있습니다.

그런데 그 물질의 많음으로 인해 교만해져 하나님의 뜻을 무시한다면 그것은 하나님을 거역하는 행위로, 어리석게도 하나님으로부터 멀어지게 합니다. 따라서 우리는 모든 소유가 하나님께로부터 왔음을 시인하고 하나님께 감사와 영광을 돌리며 겸손히 물질을 관리하는 선한 청지기가 되어야 할 것입니다.

말씀 읽기 신 8:11~20

2. 하나님께 소망을 두어야 합니다.

부자들은 자신이 누리는 부가 이 세상에 국한된 것임을 알아야 합니다(잠 27:24). 사람은 누구나 죽습니다. 이것이 모든 인간에게 정해진 이치입니다. 죽음 앞에서는 어떤 재물도 소용이 없습니다. 인간은 모든 것을 두고 떠나야 합니다.

베드로는 "모든 육체는 풀과 같고 그 모든 영광은 풀의 꽃과 같으니"(벧전 1:24)라고 하였습니다. 재물이 결코 우리의 소망이 될 수 없습니다. 한순간만 주어진 것인데 그것에 소망을 두고 살아갈 수 없습니다. 야고보는 부한 자들에게 말했습니다. "들으라 부한 자들아 너희에게 임할 고생으로 말미암아 울고 통곡하라 너희 재물은 썩었고 너희 옷은 좀먹었으며 너희 금과 은은 녹이 슬었으니 이 녹이 너희에게 증거가 되며 불 같이 너희 살을 먹으리라 너희가 말세에 재물을 쌓았도다"(약 5:3). 이는 재물에 소망을 두고 사치하며 연락하는 자들을 향한 엄중한 경고입니다.

바울은 "정함이 없는 재물에 소망을 두지 말고 오직 우리에게 모든 것을 후히 주사 누리게 하시는 하나님께 두"(딤전 6:17)라고 말합니다. 돈에 소망을 두는 자들은 돈과 함께 소망도 사라지게 됩니다. 그렇기 때문에 돈에 소망을 두어서는 안 됩니다. 우리의 소망은 하나님이십니다. 오직 영원히 살아 계시는 하나님께만 소망을 두고 살아가는 성도들이 되어야 할 것입니다.

말씀 읽기 합 3:17~18

3. 선한 일에 힘써야 합니다.

모든 만물의 주인은 하나님이십니다. 우리가 재물을 가지고 있다는 것은 그 만큼 하나님께서 주셨다는 의미이기도 합니다. 그렇다면 우리는 하나님께서 주신 재물을 어떻게 사용해야 할까요? 우리는 재물을 하나님이 기뻐하시는 선한 일에 사용하도록 힘써야 합니다. 하나님은 성도들이 당신의 기뻐하시는 뜻에 따라 온전히 사용하기를 원하십니다.

우리는 우리의 귀한 재물을 사용할 결단이 있어야 합니다. 말로만 어려운 이웃을 위로해서는 안 됩니다. 하나님이 우리에게 물질을 맡기셨음을 고백하고 주님의 그 물질로 어려운 이웃을 도와야 합니다. 이것이 하나님께서 우리에게 물질을 주신 이유입니다. 우리는 물질에 관한 바른 인식을 가지고 선한 일에 힘씀으로써 하나님께 영광을 돌리고 하늘에 보물을 쌓는 지혜로운 성도들이 되어야 할 것입니다.

말씀 읽기 약 2:14~17

생각 나누기

01 물질의 소유주가 하나님이심을 알 때 우리의 물질 사용은 어떻게 변하게 될까요?

02 우리는 청지기로서 우리가 소유한 물질을 어떻게 관리해야 할까요?

03 우리의 물질로 할 수 있는 선한 일은 어떤 것이 있을까요?

Date.

chapter 39

하나님의 백성

성경 | 롬 9:1~33(pp.251~253)

찬송 | 214(통349), 380(통424)

마음 열기

좋은 것을 소유하고 있으면서도 그것을 알지 못하면 어리석은 사람입니다. 왕자의 신분을 갖고 거지처럼 살아가는 사람도 어리석습니다. 우리는 하나님의 백성이라는 귀한 신분을 소유하고 있습니다. 그렇다면 이 하나님의 백성이란 무엇일까요?

1. 하나님의 백성은 예수 그리스도를 통해서 됩니다.

우리는 그리스도로 인해 신분이 회복됩니다. 예수님은 어떤 분이십니까?

첫째, 예수 그리스도는 건축자의 버린 돌로 오셨습니다(시 118:22). 예수님은 하나님과 본체시나 자기를 비워 종의 형체를 가져 사람과 같이 되셨습니다(빌 2:7). 사람들은 예수님을 멸시하였습니다. "그는 주 앞에서 자라나기를 연한 순 같고 마른 땅에서 나온 뿌리 같아서 고운 모양도 없고 풍채도 없은즉 우리가 보기에 흠모할 만한 아름다운 것이 없도다 그는 멸시를 받아 사람들에게 버림 받았으며 간고를 많이 겪었으며 질고를 아는 자라 마치 사람들이 그에게서 얼굴을 가리는 것 같이 멸시를 당하였고 우리도 그를 귀히 여기지 아니하였도다"(사 53:2~3).

둘째, 예수 그리스도는 견고한 돌입니다. "이 돌 위에 떨어지는 자는 깨지겠고 이 돌이 사람 위에 떨어지면 그를 가루로 만들어 흩으리라 하시니"(마 21:44). 이 돌에 부딪히는 자마다 변화를 입습니다. 예수님은 자신의 생명을 속전으로 내어 주시고, 자신의 죽음으로 죄인들을 친 백성으로 삼아 주셨습니다.

셋째, 예수 그리스도는 반석입니다. 성경은 말합니다. "그 반석은 곧 그리스도시라"(고전 10:4). "그러므로 누구든지 나의 이 말을 듣고 행하는 자는 그 집을 반석 위에 지은 지혜로운 사람 같으리니"(마 7:24). 그리스도는 인류의 보금자리입니다. 그 위에 인생의 집을 건축하여야 안전합니다.

말씀 읽기 마 16:16

2. 하나님의 백성은 역사성을 가지고 있습니다.

세계 기독교 역사를 살펴볼 때 복음이 한곳에서만 머물지 않고 각 나라로 옮겨가는 것을 볼 수 있습니다. 처음에 이스라엘의 수도 예루살렘에서 십자가의 도가 이루어졌습니다. 이 복음은 또한 사도들과 그리스도인들에 의해 소아시아와 로마인들에게까지 전파되었습니다. 그리고 그 후 다시 유럽에 전파되었고, 이 복음은 후에 청교도들에 의해

미 대륙으로 전달되었습니다. 더욱 왕성해진 복음은 새로운 소망을 갈망하고 있었던 우리나라에까지 전달될 수 있었습니다. 이 주님의 복음은 우리를 변화시켰습니다. 민족의 큰 격변과 고난 중에도 소망을 잃지 않게 하였으며 가난에서 일어나 다시금 세계에서 주목을 받을 수 있는 강건한 나라가 될 수 있었습니다. 그리고 하나님께서 주시는 풍성한 영적 축복으로 강성할 수 있었습니다. 이제는 우리도 복음으로 받은 축복을 다시 세계에 전하기 위해 힘쓰고 있습니다. 주님의 복음은 하나님의 백성들로 인해 마지막 날이 올 때까지 세상에 전파될 것입니다.

말씀 읽기 행 13:48~49

3. 하나님의 백성들은 사명이 있습니다.

이스라엘 백성은 하나님께 택하심을 받았습니다(4~5절). 아브라함의 하나님, 이삭의 하나님, 야곱의 하나님께서 이스라엘 백성들을 약속의 백성으로 선택해 주신 것입니다. 하나님의 백성으로 선택받은 백성들에게는 특별히 사명이 있습니다.

첫째, 기도입니다. "구하라 그리하면 너희에게 주실 것이요 찾으라 그리하면 찾아낼 것이요 문을 두드리라 그리하면 너희에게 열릴 것이니 구하는 이마다 받을 것이요 찾는 이는 찾아낼 것이요 두드리는 이에게는 열릴 것이니라"(마 7:7~8).

둘째, 복음에의 순종입니다. "복음에는 하나님의 의가 나타나서 믿음으로 믿음에 이르게 하나니 기록된 바 오직 의인은 믿음으로 말미암아 살리라 함과 같으니라"(롬 1:17).

셋째, 선교입니다. "그러므로 너희는 가서 모든 민족을 제자로 삼아 아버지와 아들과 성령의 이름으로 세례를 베풀고 내가 너희에게 분부한 모든 것을 가르쳐 지키게 하라"(마 28:19~20).

우리는 하나님의 선택받은 백성으로서 우리에게 주어진 사명을 감당해야 할 것입니다.

말씀 읽기 계 2:10; 고전 4:1~2

생각 나누기

01 예수님은 어떤 분이십니까?

02 우리는 하나님의 백성으로서 복음 전파에 힘을 쓰고 있습니까?

03 예수 그리스도를 믿음으로 받게 된 축복이 어떤 것이 있는지 서로 나눠 봅시다.

10월

개혁의 달

Date.

chapter 40

하나님을 의지하라

성경 | 암 3:1~15(p.1277)

찬송 | 93(통93), 301(통460)

마음 열기

아모스는 이스라엘 백성들이 깨닫지 못한 점들을 상기시키며, 하나님은 비록 그의 백성들이 죄를 범하였을지라도 회개하고 돌아오면 자비를 베풀어 주신다고 전하였습니다. 이스라엘 백성들은 이제 돌이켜 하나님을 의지하고 나가야 했습니다. 아모스 선지자는 이스라엘 백성들에게 어떤 말씀을 선포하였을까요?

1. 아모스 시대 백성들은 무엇을 의지하였습니까?

첫째, 돈을 의지했습니다(10절). 돈과 쾌락을 따라가기를 원했던 것입니다. 예수님은 하나님이 그의 영혼을 찾을 때 그의 소득이 누구 것이 되겠냐고 물으셨습니다(눅 12:16~20). 하나님을 버리고 물질을 쫓을 때 하나님은 그들이 소망하는 물질을 끊어 버리고 만지지도 못하게 하십니다. 우리는 물질이 아닌 모든 것을 소유하시고 공급하시는 하나님만을 의지해야 합니다.

둘째, 다른 신을 의지했습니다(14절). 벧엘에는 오랫동안 제단들이 있었습니다(14절). 그들은 긴 시간 동안 우상을 섬겨왔던 것입니다. 그들은 이 우상들과 주저하지 않고 죄를 범해 왔습니다. 그러면서도 그들은 하나님의 단에 뿔을 잡으면 언제든지 안전할 것이라고 믿었습니다. 하나님은 그들의 이런 가증한 생각을 아시고 단에 있는 뿔을 꺾으실 것이라고 하셨습니다. 우상은 안전을 보장하지 못합니다. 오직 하나님만이 안전을 주실 수 있습니다.

셋째, 자신의 힘을 의지했습니다. 그들은 자신들의 강력한 군사력을 믿었습니다(11절). 강력한 힘이 있어 이제는 하나님이 필요 없다고 생각했던 것입니다. 오늘날에도 많은 사람이 자신들의 힘이나 경험, 재능을 의지합니다. 그러나 하나님은 그들이 의지하는 모든 것을 옮기신다고 말씀합니다. 우리들이 하나님보다 다른 것을 의지할 때 하나님은 의지하던 그것을 옮겨 버리실 것입니다. 우리는 무엇보다 하나님을 제일 순위로 의지하며 바라보아야 할 것입니다.

말씀 읽기 시 37:4~5

2. 진실한 성도는 무엇을 의지해야 합니까?

첫째, 구원을 베푸시는 하나님을 의지해야 합니다(1절). 하나님은 애굽에서 노예로 살았던 그의 백성들을 구원하셨습니다. 하지만 이스라엘 백성들은 고된 노예 생활에서 구속하신 하나님의 은혜를 잊어버리고 하나님을 경홀히 여겼습니다. 그리고 그들을 하나님의 백성으로 삼으셔서 약속의 땅을 주시고 구별된 삶을 살 수 있도록 하신 그 은혜를 잊었습니다. 그들은 모든 것을 자신들의 능력으로 얻은 것으로 착각하였던 것입니다. 진실한 성도는 하나님을 바라보며 의지해야 합니다. 그것은 하나님께 참된 구원과 은혜가 있기 때문입니다.

둘째, 자신을 선택하신 하나님을 의지해야 합니다(2절). 하나님은 모든 민족 중에 이스라엘을 선택하셨고 그들을 하나님의 친 백성으로 삼으셨습니다(딛 2:14). 하나님이 그들을 선택하신 것은 그들이 강해서가 아닙니다. 오히려 작고 연약했기 때문입니다. 우리도 이런 사실을 기억해야 합니다. 하나님께서 우리를 선택하신 것은 우리가 특별하기 때문이 아닙니다. 오히려 우리는 부족하고 부적합하였습니다. 그러나 주님은 은혜로 우리를 택하셨고 하나님의 자녀로 삼아 주셨습니다.

말씀 읽기 시 143:5~6

3. 진실한 성도는 어떠한 상황 가운데서도 하나님을 떠나지 않습니다.

하나님은 그의 백성들이 하나님을 버리고 떠날 때 크게 분노하셨습니다. 그 분노는 바로 강력한 심판으로 나타납니다. 하지만 그 가운데서 우리는 또 다른 소망을 발견할 수 있습니다.

“여호와께서 이와 같이 말씀하시되 목자가 사자 입에서 양의 두 다리나 귀 조각을 건져냄과 같이 사마리아에서 침상 모서리에나 걸상의 방석에 앉은 이스라엘 자손도 건져냄을 입으리라”(12절). 하나님의 진노와 심판 중에 있어도 그 가운데 남은 자가 있습니다. 이들은 바로 하나님의 자비하심을 입는 자들입니다. 이들은 모든 사람이 하나님을 떠나고 우상을 섬기는 중에서도 침상과 걸상에 앉아 기도하며 하나님을 묵상하였던 것입니다. 하나님은 그들로 이 땅의 그루터기가 되게 하십니다.

말씀 읽기 사 6:13

생각 나누기

01 우리는 이 땅에서 무엇을 의지하고 있었는지 고백해 봅시다.

02 우리는 진실한 성도로서 무엇을 의지해야 하는지 나눠 봅시다.

03 심판 가운데서도 하나님의 인자하심과 은혜를 입을 수 있는 방법은 무엇이라고 생각하십니까? 우리는 이 땅의 그루터기가 되기 위해 무엇을 해야 할까요?

Date.

chapter 41

하나님의 일을 맡은 자

성경 | **살전 2:1~12(p.329)**

찬송 | 330(통370), 585(통384)

마음 열기

우리는 각각 맡은 직임이 있습니다. 바울은 직임을 맡은 자의 자세는 충성이라고 말합니다(고전 4:2). 바울은 자신이 말한 바와 같이 복음 전도자로서 데살로니가에서 충성을 다해 하나님의 일을 감당했습니다. 이는 우리로 사명을 맡은 자로서 어떤 자세를 가져야 하는지 생각하게 합니다.

1. 그리스도의 사랑이 넘쳐야 합니다(8절).

요한 사도는 "그가 우리를 위하여 목숨을 버리셨으니 우리가 이로써 사랑을 알고 우리도 형제들을 위하여 목숨을 버리는 것이 마땅하니라"(요일 3:16)고 했습니다. 우리가 무엇을 하든지 그 근본은 우리를 위해 죽으신 예수 그리스도의 사랑으로 해야 합니다. 주께서 사랑하는 양떼들을 위해 자기의 목숨을 아끼지 아니하신 것 같이 하나님의 양들을 보살피는 자는 주와 같이 자신의 목숨도 아끼지 않고 헌신해야 합니다. 이것이 맡은 자의 바른 자세입니다. "자녀들아 우리가 말과 혀로만 사랑하지 말고 행함과 진실함으로 하자"(요일 3:18). 이는 우리의 사랑에 실천적 행함이 따라야 함을 의미합니다.

주님이 먹이고 돌보시며 맡기신 양떼들은 주님의 목숨과 바꾼 존귀한 생명들입니다. 그들은 주님이 천하보다 귀히 여기시는 영혼이요, 지극히 사랑하시는 자들입니다. 그러므로 하나님의 일을 맡은 자들은 주님의 사랑으로 가르치고 돌아보아야 합니다. 하나님의 일을 맡은 자가 그리스도의 사랑이 없이 인간적인 모습만으로 가르치거나 권면하고 위로한다면 많은 부작용이 생길 수밖에 없습니다. 또한 그와 같은 방법으로는 성도들의 마음을 감동시키거나 변화시킬 수 없습니다. 그러므로 교회 지도자는 성도 한 사람 한 사람을 사랑의 마음으로 진실하게 대해야 합니다.

말씀 읽기 살전 2:3

2. 본을 보여 주는 삶을 살아야 합니다(10절).

바울은 "우리가 너희 믿는 자들을 향하여 어떻게 거룩하고 옳고 흠 없이 행하였는지에 대하여 너희가 증인이요 하나님도 그러하시도다"(10절)라고 말합니다. 하나님의 일을 맡은 자들은 그리스도께서 우리의 본이 되셨던 것과 같이 매사에 성도들 앞에서 의와 믿음으로서 좋은 본이 되어야 합니다. 성도들 역시 주변 사람들에게 그리스도의 향기를 드러내야 합니다. 예수님이 제자들의 먼지와 땀이 묻어 있는 발을 씻어 주신 후에 "내가 너희에게 행한 것 같이 너희도 행하게 하려 하여 본을 보였노라"(요 13:15)라고 하셨습니다.

바울은 "오직 말과 행실과 사랑과 믿음과 정절에 있어서 믿는 자에게 본이 되"(딤전 4:12)라고 하였습니다. 물론 우리는 모든 하나님의 말씀을 온전히 실천하지 못합니다. 그러나 할 수 있다면 최선을 다해 행함으로 본을 보여야 합니다. 가정과 교회에서, 세상적인 욕심 앞에서 그리고 물질을 사용함에 있어서, 그리고 명예 앞에서가 그렇습니다. 성경적인 본을 보이지 못하고 말만 앞세우지 말아야 할 것입니다. 결코 하나님의 일은 말과 지식으로 감당할 수 없습니다. 삶으로 나타나는 신앙고백이, 그리고 행동으로 증거되는 복음 전도가 되어야 합니다. 말만 하고 행동이 따르지 않을 때, 영적인 삶을 좇으라고 외치면서 자신은 육체의 소욕을 좇아 갈 때, 불행스럽게도 주님으로부터 불법을 행한 자라는 엄한 책망을 듣게 될 것입니다.

말씀 읽기 딤전 1:16; 4:12

3. 희생적인 수고와 애씀의 각오가 있어야 합니다(9절).

좋은 결과를 맺기 위해서는 땀과 눈물의 수고가 있어야 합니다. 좋은 씨앗을 옥토에 심었다고 할지라도 땀과 눈물에 인색한 자들은 좋은 열매를 기대할 수 없습니다. 그러므로 하나님의 일을 맡는 자들은 그 일의 열매를 위해 자기를 희생하는 수고와 애씀이 있어야 합니다(9절).

바울은 "내가 달려갈 길과 주 예수께 받은 사명 곧 하나님의 은혜의 복음을 증언하는 일을 마치려 함에는 나의 생명조차 조금도 귀한 것으로 여기지 아니하노라"(행 20:24)고 고백하였습니다. 우리는 너무 조급합니다. 씨앗을 심고 싹이 조금 나면 꽃이 피기도 전에 열매를 달라고 요구합니다. 열매는 그냥 맺혀지지 않습니다. 수고와 땀방울이 있어야만 열매가 맺힌다는 사실을 기억해야 합니다. 한 영혼이 하나님 앞으로 돌아와 열매를 맺기까지 그 영혼을 위해 목숨까지 아끼지 않으셨던 주님을 본받아, 수고하고 애써야 합니다.

말씀 읽기 마 25:14~30

생각 나누기

01 말과 혀가 아닌 행함과 진실함으로 나눌 수 있는 사랑은 무엇일까요? 주변의 예를 들어 이야기해 봅시다.

02 주변에 본이 될 수 있는 그리스도의 사랑에는 어떤 것이 있을까요?

03 우리가 실천할 수 있는 사랑은 무엇인지 나누어 봅시다.

Date.

chapter 42

하나님을 가까이 하는 자의 복

성경 | 시 73:23~28(p.855)

찬송 | 532(통323), 338(통364)

마음 열기

이 세상에는 많은 비극과 부조리와 고난이 있습니다. 이 모든 문제들은 우리가 하나님께로부터 멀어진 결과입니다. 하나님과 멀어짐으로 인해 우리의 마음이 불안해지고 답답해집니다. 오늘날 성령의 역사하심은 다른 것이 아니라 바로 하나님과 가까워지게 하는 것입니다. 오늘 이 본문을 통해 하나님께 가까이하는 사람들에게 주시는 축복이 무엇인지 그리고 우리가 어떻게 하나님을 가까이 할 수 있는지 알아봅시다.

1. 하나님을 가까이 하는 자에게 어떻게 하신다고 합니까?

첫 번째로 오른손으로 붙들어 주신다고 했습니다(23절). 성경에서 사용하는 '오른손'은 영광과 능력과 존귀와 권세를 상징합니다. 우리의 오른손은 비록 연약하지만 하나님의 오른손에는 구원이 있습니다. 하나님은 우리들을 광야 같은 인생길에서 길을 잃지 않도록 오른손으로 붙잡아 이끌어 주십니다. 여기서 오른손은 보장으로서 하나님이 든든

한 보장으로 이끌어 주신다는 의미가 됩니다.

두 번째로 인도해 주십니다(24절 상). 사람들은 자신이 아주 지혜롭다고 생각합니다. 그러나 우리는 이 세상을 살아가면서 우리 힘으로 해결하지 못하는 많은 문제에 부딪히게 됩니다. 이때 하나님은 환경과 신앙의 조언자를 통해 인도해 주십니다. 또한 우리 가운데 내주하시는 성령님을 통해 인도해 주십니다. 성령님은 최고의 조언자이시며 상담자이십니다.

세 번째로 큰 영광으로 영접해 주십니다(24절 하). 우리의 구원은 하나님께서 주신 믿음으로만 가능합니다. 하나님은 믿음의 선진들이 누렸던 그 영광과 같이, 믿음의 싸움을 다 싸운 우리를 큰 영광으로 맞아 주실 것입니다.

말씀 읽기 히 11:6

2. 어떻게 하면 우리가 하나님과 가까워질 수 있습니까?

첫 번째로 하나님을 믿어야 합니다(히 11:6). 우리는 주님의 보혈로 하나님께 가까이 나아갈 수 있습니다(엡 2:13). 그 예수 그리스도의 피를 믿을 때 우리는 육체의 정욕과 모든 더러운 죄에서 깨끗이 씻음 받게 됩니다. 하나님과 멀어지는 사람은 결국 멸망을 당할 수밖에 없습니다(27절). 사람들이 주님을 떠나게 되는 이유는 자기 힘으로 살 수 있다는 교만과 죄를 즐기고자 하는 마음 때문입니다. 이들은 하나님과 함께하는 즐거움을 알지 못합니다. 그러나 하나님께 가까이 하는 자는 그분을 반석과 분깃으로 인정하며, 눈에 보이지 않지만 영생의 복을 바라봅니다.

두 번째로 자기를 포기하고 주님과 연합해야 합니다(요 15:5). 연합이란 두 개가 하나가 된다는 말씀입니다. 즉 그것은 포기와 연결을 의미합니다. 가지는 자신을 포기하고 원줄기인 포도나무에 붙어 있을 때에 좋은 열매를 맺을 수 있습니다(요 15:5). 초대교회 성도들은 완전히 자기의 모든 것을 포기하고 주님과 연합하기 위해 다른 성도들과도 연합했습니다. 그들은 서로 모든 물건을 함께 나누어 쓰고, 재산과 소유를 팔아 각 사람의 필요를 따라 나누며, 날마다 마음을 같이 하여 성전에 모이기를 힘썼습니다. 그리고 함께 떡을 떼며 기쁨과 순전한 마음으로 음식을 나누고 하나님을 찬미하였습니다(행 2:44~47). 성도간의 교제는 자기를 포기하고 주님과 연합하는 생활의 증거가 됩니다.

세 번째로 거룩하고 사랑을 가진 사람이 되어야 합니다. 우리가 하나님을 가까이 하려면 하나님의 자녀된 자로서 아버지 하나님의 거룩하심을 본받는 자가 되어야 합니다. 거룩하신 하나님은 우리에게도 거룩하라고 요구하십니다(벧전 1:15~16). 특히 우리는 우리의 입을 거룩하게 해야 합니다. 야고보 사도는 우리가 한 입으로 쓴 물과 단 물을 함께 낸다고 지적합니다. 우리는 한 입으로 한 가지의 말만 해야 합니다. 우리가 아버지 되신 하나님처럼 거룩해지기 위해서는 거룩한 것을 우리 마음에 담아 두어야 합니다. 다시 말해 거룩한 말씀을 마음에 담아 두어야 한다는 것입니다. 이럴 때에 우리는 거룩한 말을 할 수 있게 됩니다. 또한 우리는 눈에 보이는 형제를 사랑함으로써 보이지 않는 하나님 아버지에 대한 사랑을 고백해야 할 것입니다.

말씀 읽기 벧전 1:15~16

생각 나누기

01 하나님을 가까이 하는 자에게 베풀어 주시는 하나님의 크신 은혜에는 어떤 것들이 있는지 나누어 봅시다.

02 주님과 연합하기 위해 우리는 어떻게 해야 할까요?

03 하나님을 가까이 하기 위해 우리가 힘써야 할 일은 무엇이 있을까요?

Date.

chapter 43

지키시는 하나님

성경 | 시 121:1~8(p.896)

찬송 | 383(통433), 390(통444)

마음 열기

본 시편은 지키신다는 말이 여러 번(3, 4, 5, 7, 8절) 나타납니다. '지키신다'는 말의 뜻은 일정한 구역을 정해서 가시로 울타리를 친다는 의미입니다. 하나님의 지키심은 모든 위기 가운데서도 동일하게 적용됩니다. 그렇다면 구체적으로 하나님은 우리를 어떻게 지키실까요?

1. 발걸음을 지키십니다(3, 4절).

하나님은 세상에서 나그네의 길을 걷고 있는 성도를 여러 가지 모습으로 세심하게 살피시고 지켜 주십니다. 성경은 "여호와께서 너를 실족하지 아니하게 하시며 너를 지키시는 이가 졸지 아니하시리로다 이스라엘을 지키시는 이는 졸지도 아니하시고 주무시지도 아니하시리로다"(3~4절)라고 말씀합니다. 하나님은 한순간도 빠짐없이 성도들의 일거수일투족을 하나씩 하나씩 감찰하시고 보호하십니다. 특별히 고된 일과로 지쳐 있는 성도를 위해 잠을 허락해 주십니다. 그리고 우리가 평안히 잠자고 있는 순간에도 하나님은 여전히 지키고 보호하십니다. 하나님의 눈은 항상 사랑하는 성도들에게 향하고 있습니다.

또한 지키시는 하나님은 우리의 우편에서 그늘이 되어 주십니다. “여호와는 너를 지키시는 이시라 여호와께서 네 오른쪽에서 네 그늘이 되시나니 낮의 해가 너를 상하게 하지 아니하며 밤의 달도 너를 해치지 아니하리로다”(5, 6절). 이 말씀은 닥칠 수 있는 큰 위험이 다가와도 하나님께서 지키 주시겠다는 말씀입니다. 또한 하나님은 환난을 면하게 해 주십니다. 하나님은 우리의 고된 환경 중에도 우리와 우리의 가정을 지켜 주십니다. 그러므로 우리는 하나님을 믿고 의지하며 강하고 담대하게 살아가야 할 것입니다.

말씀 읽기 시 23:4; 사 43:2

2. 성도의 영혼을 지키십니다(7절).

하나님은 우리의 영혼을 지켜 주십니다. 영혼의 실체는 아무도 확인할 수 없지만 누구도 의심하지 않습니다. 예수님은 “몸은 죽여도 영혼은 능히 죽이지 못하는 자들을 두려워하지 말고 오직 몸과 영혼을 능히 지옥에 멸하실 수 있는 이를 두려워하라”(마 10:28)고 하십니다. 이는 영혼의 미래가 가장 중요하기 때문입니다.

욥은 “불경건한 자가 이익을 얻었으나 하나님이 그의 영혼을 거두실 때에는 무슨 희망이 있으랴”(욥 27:8)라고 말합니다. 예수님은 어리석은 부자의 비유를 말씀하시며 하나님이 “어리석은 자여 오늘 밤에 네 영혼을 도로 찾으리니 그러면 네 준비한 것이 누구의 것이 되겠느냐”(눅

12:20)라고 하신다고 말씀하셨습니다.

다른 사람을 지키기는커녕 연약한 자기 몸 하나도 제대로 지키지 못하는 것이 우리 인생입니다. 우리의 연약함을 아시는 주께서 우리 영혼이 더럽혀지지 않고 환난으로 혼잡해지지 않도록 지켜주십니다. 우리는 육체뿐만 아니라 영혼도 지켜 주시는 하나님께 감사해야 할 것입니다.

말씀 읽기 시 41:1~2

3. 성도의 출입을 지키십니다(8절).

본문은 하나님이 우리가 걸어가 보지 못한 내일의 삶에 안내자가 되어 주시고 보호자가 되어 주신다고 말씀합니다. 하나님은 우리의 출입을 지켜 주십니다. 출입이란 아침에 밖으로 나가고 밤에 집으로 들어오는 것을 가리키는 표현으로, 한 인간이 땅 위에서 행하는 모든 삶과 그 일을 의미합니다. 하나님은 이스라엘 백성들을 향해 "네가 들어와도 복을 받고 나가도 복을 받을 것이니라"(신 28:6)고 말씀하셨습니다. 하나님의 지키심은 일시적이지 않습니다. 계속됩니다. 하나님은 끝까지 인생의 안내자가 될 것입니다. 땅에서도 하늘에서도 지키실 것입니다. 이스라엘 백성을 광야에서 불과 구름으로 인도하신 것처럼 우리의 삶 역시 지키시고 인도하실 것입니다.

말씀 읽기 욥 10:9~12; 시 25:20

생각 나누기

01 하나님의 세밀한 지키심을 경험한 일이 있다면 나눠 주세요.

02 하나님은 오늘 우리와 우리 가정과 일터를 어떻게 지키시고 함께 하시는가 이야기해 봅시다.

03 하나님께서 내일의 안내자와 보호자가 되신다는 말씀이 우리에게 어떤 위로를 줍니까?

11월

감사의 달

Date.

chapter 44

주님의 비유에 나타난 교훈

성경 | 눅 15장(pp.121~122)

찬송 | 273(통331), 275(통333)

마음 열기

우리는 나름대로 사람을 판단하는 기준을 갖고 있습니다. 오늘 성경은 예수님의 비유를 통해 사람을 보시는 하나님의 기준과 관심을 보여 주고 있습니다. 이는 우리가 따라야 할 새로운 관점이기도 합니다. 그렇다면 성경이 제시하는 사람을 보는 새로운 관점은 무엇입니까?

1. 주님이 종교지도자들에게 지적한 사항은 무엇입니까?

하나님은 그의 아들을 십자가에 내어 주심으로써 우리를 향한 하나님의 사랑을 보여 주셨습니다. 이것은 의로운 특정한 사람들만을 위한 사랑이 아닙니다. 예수님도 이 땅에서 세리와 창기와 같은 죄인들과 함께하셨고 그들에게도 구원을 허락하셨습니다. 이것이 하나님의 사랑입니다. 이 사랑을 보여 주시기 위해 아들을 주셨는데 이들이 하나님께로 돌아오지 않는다면 그것은 하나님께 있어 큰 손실이 됩니다.

2. 주님이 말씀하시는 3가지 비유는 무엇입니까?

1) 잃은 양의 비유

목자가 한 마리의 잃은 양을 찾기 위해 아흔 아홉 마리의 양을 들에 두고 잃어버린 양을 찾아다닙니다(4절). 여기서 잃은 양은 죄인을, 목자는 그리스도를 의미합니다. 이는 그리스도께서 죄인을 버려두시지 아니하고 끝까지 사랑하신다는 의미가 됩니다. 잃은 양을 찾았을 때 목자가 보여 준 행동에서(5, 6절) 우리는 잃은 죄인 하나를 찾고 기뻐하시는 그리스도의 사랑을 볼 수 있습니다. 예수님은 이 비유를 통해 세리와 죄인들을 소외시키고 천대하는 종교 지도자들에게 편협한 사고와 오만을 회개하라고 말씀하십니다. 우리는 구원이 인간의 공로가 아닌 오직 하나님의 사랑과 은혜로만 이루어진다는 사실을 깨달아야 합니다(요 10:11).

말씀 읽기 요일 4:19

2) 잃어버린 드라크마의 비유

한 드라크마는 노동자의 하루 품삯입니다. 여기서는 드라크마는 돈의 가치를 넘어서 중요한 의미를 가집니다. 그것은 결혼한 여인에게 있어 드라크마는 결혼의 증표로 활용되었기 때문입니다. 따라서 그녀에게 드라크마는 재산 이상의 의미가 되었던 것입니다. 그러하기에 잃어버렸던 한 드라크마를 찾은 사실은 이웃을 초청해 잔치를 열만큼 매우 기쁜 일이 되었습니다(9절). 여자는 잃어버린 한 드라크마를 찾기 위해 등불을 켜서 집안 구석구석을 쓸며 찾았습니다. 이와 같이 애쓰는 모습은 예수님이 잃어버린 영혼을 찾으시는 거룩한 집념을 나타냅니다. 또한 드라크마를 찾았을 때 여인의 기쁨은 잃어버린 영혼 하나가 회개하고 돌아올 때에 기뻐하시는 주님의 모습을 나타냅니다(10절).

말씀 읽기 눅 15:8~10

3) 탕자의 비유

둘째 아들은 자신의 몫을 챙겨 아버지의 집을 떠나 먼 나라로 갔지만, 그는 곧 모든 재산을 탕진하고 돼지를 치는 비참한 일을 하게 되었습니다(11~16절). 이것은 하나님을 떠난 인간이 모든 것을 잃어버리고 허무와 절망을 맞이하게 된다는 사실을 나타냅니다. 둘째 아들은 극한 상황에서 아버지를 생각하고, 결국 회개함으로써 아버지의 집으로 돌아왔습니다. 이때 아들을 대하는 아버지의 모습은 죄인을 향한 하나님의 자비와 용서하시는 사랑을 나타냅니다. 하나님은 비유에 나온 아버지와 같이 아들이 돌아오기를 기다리시며, 돌아온 자녀의 허물을 기억하지 아니하시고 영접하실 것입니다.

말씀 읽기 눅 15:11~32

3. 주님이 보여 주시는 교훈은 무엇입니까?

오늘 본문이 보여 주는 것은 하나님의 사랑입니다. 하나님은 모든 인류를 위해 그분의 아들을 십자가에 내어 주셨습니다. 주님은 우리를 향해 땅 끝까지 복음을 전해 모든 족속으로 제자를 삼으라고 명하셨습니다(행 1:8). 그러므로 우리는 하나님의 마음을 깨달아 때를 얻든지 못

언든지 항상 복음 전파에 힘써야 할 것입니다(딤후 4:2).

생각 나누기

01 우리가 잃은 양에 대해 관심을 가져야 할 이유는 무엇입니까?

02 잃은 자를 찾았을 때 주님이 가장 크게 기뻐하신다는 사실이 우리에게 주는 도전은 무엇입니까?

03 끝까지 인내하시며 기다리시는 아버지의 사랑을 어디에서 발견할 수 있을까요?

Date.

chapter 45

예수 영접과 그 열매

성경 | 요 1:12~13(p.143)

찬송 | 242(통233), 528(통318)

마음 열기

예수님을 만나기 전에 인류는 사단의 자녀였습니다. 그러나 예수 그리스도를 만난 후, 인류는 하나님의 자녀로 다시 태어났습니다. 이것은 믿음으로 가능하게 되었습니다. 성도가 믿음으로 하나님께 나갈 때 어떤 일이 일어나게 될까요?

1. 하나님의 자녀가 됩니다(1:12).

'예수님'을 믿는다는 것은 곧 그리스도께서 구세주이심을 받아들이는 것입니다. 예수님을 믿고 그리스도의 권능을 신뢰하는 것이 참된 믿음입니다. 성경은 말씀합니다. "사람이 마음으로 믿어 의에 이르고 입으로 시인하여 구원에 이르느니라"(롬 10:10).

우리가 예수 그리스도를 마음으로 믿어 입으로 시인할 때 우리는 하나님의 자녀로 신분이 변화됩니다. 인종과 신분은 아무 상관이 없습니다. 구원은 하나님과의 개인적인 관계에 의해 결정되기 때문입니다.

예수님을 영접하는 사람은 누구나 본성으로는 할 수 없는 하나님의 자녀가 되는 권세를 받습니다. '영접하는 모든 자'는 예수님을 거부하는 모든 자들과 대조되며, '그를 믿는 자마다'는 예수님을 불신하는 모든 자들과 대조됩니다. 그러므로 이 말씀의 궁극적인 메시지는 거부의 비극이 아니라 믿음으로 예수님을 영접하는 은혜이기 때문에 축복입니다. 따라서 예수님을 영접하는 사람은 누구나 하나님의 자녀가 됩니다. 그렇기 때문에 이 메시지는 구원의 보편주의를 확증하는 기독교의 자랑 중에 하나입니다.

말씀 읽기 요 3:5; 갈 4:5~6

2. 하나님의 상속자가 됩니다.

그리스도를 믿음으로 영접한 사람은 신분이 바뀝니다. 성경은 성도들이 하나님의 자녀가 되면 상속받을 수 있는 특권을 가지게 된다고 약속합니다(롬 8:15). 바울은 말씀합니다. "자녀이면 또한 상속자 곧 하나님의 상속자요 그리스도와 함께 한 상속자니 우리가 그와 함께 영광을 받기 위하여 고난도 함께 받아야 할 것이니라"(롬 8:17).

바울이 말한 '양자'는 요한복음 3장 3절과 같이 '중생'의 개념을 포함하고 있습니다. 이렇게 예수님이 우리에게 베푸신 '양자의 은혜'는 '실제적'입니다.

하나님의 자녀만이 소유하게 되는 믿음의 열매는 무엇입니까? 그것은 하나님의 자녀로 여김을 받는 영광입니다. 그 이름을 신뢰하여 그를 영접하고 인정하는 자에게는 하나님의 자녀가 되는 권세를 주십니다. 이것은 하나님의 주권적인 은혜의 선물입니다.

'하나님의 자녀'가 된다고 하는 것은 자기 생명의 성장 근거를 하나님 아버지께 두는 것입니다. 믿음을 통해 그리스도께 접붙임을 받은 것입니다. 우리들은 하나님의 자녀로서 하나님을 '아바 아버지'라고 부릅니다. 더 이상 사망이 우리를 지배할 수 없습니다.

아브라함은 믿음을 인해 하나님께 쓰임 받은 사람입니다. 하나님께 인정받는 믿음으로 그는 믿음의 조상이요, 복의 근원이 되었습니다. 독자 이삭을 바치는 믿음으로 하나님의 외아들 예수 그리스도를 약속받아 인류 구속을 이룬 메시아의 조상이 되었습니다.

우리가 예수를 믿어야 할 이유가 여기에 있습니다. 아브라함처럼 예수 그리스도를 믿을 때 우리도 아브라함의 축복을 누릴 수 있습니다. 자녀 된 성도의 특권은 종처럼 삯을 받고 일하는 자가 아니라 하나님의 기업을 누릴 자입니다. 성도는 하나님과 함께 천국을 소유할 자들입니다.

말씀 읽기 롬 11:17~20

3. 독생자의 은혜와 진리를 소유합니다.

요한은 예수님을 세상 죄를 지고 가는 어린 속죄양으로 보았습니다(요 1:29). 주님은 우리를 위한 속죄양으로 오셔서 십자가에서 구원을 이루셨습니다. 그가 우리의 메시아가 되셨습니다(요 1:41).

하나님은 자녀들의 필요를 아시고 충족시켜 주시기를 원하십니다(시 34:10). 우리 하나님은 창조자이시기에 이 모든 것들이 가능합니다. 하나님은 성도들의 영육에 필요한 것들을 채워 부족함이 없도록 하십니다. 하나님이 채워 주실 때 우리에게 부족함이 있을 수 없습니다. 주께서 복을 부어 주시면 잔이 넘치도록 풍성하게 됩니다.

성삼위 하나님께서 아담과 하와를 창조하신 후(창 1:26~27), 그들을 에덴동산으로 초청하셨습니다(창 2:8). 그곳에서 하나님의 자녀들에게 평화와 안식을 주시고 하나님과 함께 동거할 수 있게 하셨습니다. 이것이 하나님의 자녀들에 대해 목적하신 것입니다. 이렇게 우리가 하나님의 자녀가 될 때에 하나님께로부터 오는 은혜와 진리를 소유할 수 있습니다.

말씀 읽기 요 3:16~18; 롬 8:1~2

생각 나누기

01 믿음을 통해서 하나님의 자녀가 된 우리에게 주어지는 축복이 무엇일까요?

02 우리는 언제 하나님을 아버지로 고백해야 할까요?

03 믿음의 성장을 위해 우리가 해야 할 일은 무엇일까요?

Date.

chapter 46

주님이 찾으시는 성도

성경 | **요삼 2~8(p.396)**

찬송 | 285(통209), 220(통278)

마음 열기

요한 사도는 가이오 장로의 신앙을 기뻐하고 칭찬하였습니다(1~2절). 그렇다면 가이오는 어떻게 신앙생활을 했을까요? 교회의 인정과 귀감이 된 가이오의 신앙을 살펴보며 우리도 어떻게 그와 같은 신앙을 가질 수 있는지 살펴보기를 원합니다.

1. 진리 안에서 행하는 성도입니다(3절).

요한 사도는 진리 안에서 행한 가이오를 기뻐했습니다. "네가 진리 안에서 행한다 하니 내가 심히 기뻐하노라"(3절). 가이오는 이렇듯 진리 안에서 사는 사람으로 널리 알려졌습니다. '진리 안에서 산다'는 것은 복음을 중심으로 주님의 말씀을 '실천하는 삶'을 의미합니다. 가이오의 삶은 그리스도의 복음이 실제 생활을 통해 나타나며 덕이 쌓였던 것으로 이해할 수 있습니다. 요한 사도는 이처럼 진리를 좇아 사는 가이오를 기뻐하였습니다(4절). 그의 삶은 많은 형제들에 의해 증거되었습니다(3절).

많은 경우 사람들은 진리를 깨닫고도 그 진리대로 행하지 못하는 경우가 있습니다. 그것은 실천이 그만큼 어렵기 때문입니다. 오늘날 입으로 진리를 말하면서도 정작 삶으로 실천하지 못하는 우리에게 시사하는 바가 큰 메시지입니다. 하나님은 진리 안에서 행하는 성도를 기뻐하십니다.

말씀 읽기 시 119:33~35

2. 사랑을 베푸는 성도입니다(5절).

가이오는 사랑을 베풀 줄 아는 사람이었습니다. 그는 나그네된 형제들을 후대하고 지원하기를 아끼지 않았습니다. 여기서 나그네 된 형제들이란 그리스도의 복음을 널리 전파하기 위해 여러 곳을 다니며 전도하던 복음 전도자들을 가리킵니다. 이 사람들은 그리스도의 가르침을 좇아 청빈한 삶을 살았으며(막 6:8; 눅 10:4), 그 대가를 받지 않았기에 매우 궁핍했습니다(7절).

따라서 이들은 여행하는 동안 음식과 의복, 자금, 교통수단 등을 지원받는 것이 불가피했습니다. 초대교회에서는 전도 순례자들을 돕는 것이 당연한 관행이기도 했습니다. 그러나 가이오처럼 지속적으로 신실한 접대를 한 사람은 흔하지 않았습니다. 가이오는 도움을 필요로 하는 형제들에게 도움의 손길을 주는 것을 멈추지 않았습니다. 이와 같은 그의 실천은 결국 뭇 사람들에게까지 전해지게 되었습니다.

성경은 말씀합니다. "누구든지 하나님을 사랑하노라 하고 그 형제를 미워하면 이는 거짓말하는 자니 보는 바 그 형제를 사랑하지 아니하는 자는 보지 못하는 바 하나님을 사랑할 수 없느니라"(요일 4:20). 우리가 진리 가운데 지속적으로 사랑을 이웃에게 드러낼 때 하나님은 우리를 기뻐하시고 축복해 주실 것입니다.

말씀 읽기 히 13:1~3

3. 주를 위해 수고를 아끼지 않는 성도입니다(8절).

가이오는 실제 행위로써 나타나는 신실한 신앙을 가지고 진리와 함께 수고하는 자였습니다. 요한은 전도자들을 영접하는 것이야말로 "진리를 위하여 함께 일하는"(8절) 것이라며 전도자들을 대접하고 지원하는 행위가 단순히 이웃 사랑이 아니라 목회에 동역하는 일임을 역설합니다. 또한 전도 여행자들을 도운 가이오의 모습에서 주어진 여건 속에서 나름대로의 방식으로 그리스도를 위해 일하는 신앙생활의 모형을 볼 수 있습니다.

성도들 중에는 자기 신앙만 유지하기에 급급하여 공동체의 일에는 전혀 무관심한 사람들이 적잖이 있습니다. 이들은 단지 예배에 참석하는 것만으로 성도의 도리를 다한 것으로 여깁니다. 하지만 소극적인 태도는 단지 성도의 명분만 지킬 수 있을 뿐 결코 성숙한 신앙인이 될 수 없습니다. 그러나 반대로 비록 눈에 띄는 일은 아닐지라도 자신이 힘을 보탤 수 있는 일을 찾아 적극적으로 참여하고자 하는 성도들도 많습니다. 이들은 그저 목회의 대상으로 피동적인 신앙생활을 하는 것이 아니라 주님을 위해 기꺼이 적극적으로 자기를 헌신합니다. 이처럼 함께 수고하기를 원하는 성도야말로 가이오처럼 축복과 사랑을 받을 만한 성도들입니다.

말씀 읽기 고전 15:58

생각 나누기

01 진리 안에서 행하는 성도들이 되기 위해 우리는 무엇을 해야 합니까?

02 하나님의 사랑을 생활 가운데 나타내기 위해 우리는 어떻게 해야 할까요?

03 복음에 적극적으로 참여하는 믿음의 삶을 위해 우리는 무엇에 관심을 가져야 할까요?

Date.

chapter 47

참된 감사의 모습

성경 | 요 12:1~8(p.166)

찬송 | 428(통488), 429(통489)

마음 열기

우리는 생명의 선물을 받았습니다. 이는 허물과 죄로 죽었던 우리를 그리스도께서 생명을 주고 사신 것입니다. 이 귀한 선물을 받은 우리는 마땅히 감사를 고백해야 합니다. 이 감사는 우리가 주께 은혜 받는 비결이 됩니다. 성경에서 우리는 마리아를 볼 수 있습니다. 그녀는 진정한 감사의 제사를 드릴 줄 아는 사람이었습니다. 본문을 통해 그녀가 어떻게 감사의 제사를 드릴 수 있는지 살펴보고자 합니다.

1. 자원함으로 드리는 감사입니다.

예수님은 베다니에 사는 나사로의 가정에 특별한 애정을 가지고 계셨습니다. 주께서 그 마을에 가실 때마다 그들의 집을 방문하셨습니다. 그러던 중 나사로가 병들어 죽는 사건이 일어났습니다. 주님은 슬픔에 잠겨 있는 누이들에게 죽은 나사로를 살려 주심으로써 생명의 은혜를 허락하셨습니다. 이 기쁨은 표현할 수 없는 큰 은혜였습니다.

얼마 후 예수님은 베다니에 사는 문둥이 시몬의 집에 머물게 되셨습니다. 그곳에는 많은 손님들이 있었고 나사로와 그의 형제들도 함께 있었습니다. 그때 마리아가 순전한 나드 향유 한 근을 가지고 예수님께 나아왔습니다. 그리고 그 향유를 예수님의 발에 붓고 자기 머리털로 그 발을 닦아 드렸습니다. 이것은 누군가가 시켜서 한 일이 아닙니다. 그녀의 행위 속에는 오빠를 살려 주신 예수님의 깊은 사랑에 대한 감사와 사랑받을 가치가 없는 자신들을 사랑해 주신 그 은혜에 대한 감사가 녹아 있었습니다.

우리도 사랑받을 가치가 없었던 자들이었습니다. 그러나 주께서 먼저 우리를 사랑해 주셨습니다. 이것이 우리가 주님을 자원함으로 사랑하고 감사드려야 하는 이유가 됩니다.

말씀 읽기 살전 5:18

2. 전심으로 드리는 감사입니다.

'전심'이라는 말은 '마음을 다하여'라는 뜻입니다. 마음을 다한다는 말은 무엇입니까? 그것은 섞인 마음, 혼돈된 마음, 두 가지 마음이 아니라 한 마음, 즉 정성된 마음이라는 말입니다. 마리아는 전심으로, 마음을 다해 주님께 감사를 드렸습니다. 향유를 뿌리되 '순전한 나드'를 뿌렸습니다. 정성을 다한 순전한, 곧 온전한 나드를 드려 감사를 표한 것입니다. 그녀는 상당히 오랜 기간 향유를 모아 왔음에 틀림이 없습니다. 나드 한 근은 노동자가 거의 일 년 동안 일해야 모을 수 있는 값비싼 것이었기 때문입니다. 그녀는 일생 동안 모은 값비싼 향유를 기쁨으로 드렸습니다. 이 감사는 일순간의 감정이라고 할 수 없습니다. 정성을 다한 순전한 마음으로 드렸던 것입니다.

우리의 감사생활은 어떠합니까? 좋을 때만 감사하고 어려울 때는 불평하지 않습니까? 항상 정성스럽고 순전한 마음으로 감사드리기를 바랍니다. 이것이 전심으로 드리는 감사 제사요, 하나님이 기뻐하시는 제사입니다(시 50:23).

말씀 읽기 눅 21:1~4

3. 귀한 것을 드리는 감사입니다.

자원함으로, 전심으로 드려지는 감사의 제사는 귀한 제물을 드리게 됩니다. 나드 한 근은 결코 작은 액수가 아닙니다. 그러나 그녀는 아낌없이 주님께 드렸습니다. 성경은 말씀합니다. "각 사람이 네 하나님 여호와께서 주신 복을 따라 그 힘대로 드릴지니라"(신 16:17). 어쩌면 마리아는 자신의 힘을 넘어갈 정도의 가장 귀한 것을 드렸던 것으로 볼 수 있습니다.

나아가 그녀는 자신의 귀한 머리털로 예수님의 발을 씻어 드렸습니다. 이는 더욱더 귀한 예물인 자신의 마음까지 드린 것임을 볼 수 있습니다. 자신의 예물이 아무리 귀해도 주님의 발보다 못하다는 사실을 고백한 것이기도 합니다. 또한 머리를 숙여 인사한다는 것은 상대방을 존경한다는 표시입니다. 마리아가 머리를 숙여 자신의 머리털로 주님의 발을 씻은 것은 자신은 정말 무가치한 존재요, 주님은 거룩하신 분임을 표현한 신앙의 고백이었습니다.

말씀 읽기 말 1:6~14

우리는 주님의 은혜의 보좌 앞에 나아갈 때 들고 갈 어떤 제물을 가지고 가야 할까요? 마리아의 감사를 배워야 합니다. 성경은 마리아가 향유를 붓자 향유 냄새가 집에 가득했다고 말씀합니다. 마태복음은 예수님이 여기에 더불어 "온 천하에 어디서든지 이 복음이 전파되는 곳에서는 이 여자가 행한 일도 말하여 그를 기억하리라"(마 26:13)고 말씀하셨다고 기록합니다. 그녀의 감사는 널리 퍼졌습니다. 그녀의 아름다운 이야기는 오늘날 우리들 중에도 기억되고 있습니다. 그리고 앞으로도 많은 사람들에게 기억될 것입니다. 우리는 우리에게 베푸신 주님의 넘치는 은혜를 기억해야 합니다. 그리고 자원하여 전심을 다해 가장 귀한 예물로 주께 감사의 제사를 드려야 할 것입니다.

생각 나누기

01 하나님께서 기뻐하시는 감사는 무엇이라고 생각하십니까?

02 우리에게 가장 귀한 것은 무엇이라고 생각하십니까?

03 가장 귀한 것으로 감사드리기 위해서 우리는 어떻게 해야 할까요?

12월

결산의 달

Date.

chapter 48

하나님을 목자로 삼는 자

성경 | **시편 23편**(p.817)

찬송 | 570(통453), 435(통492)

마음 열기

시편 23편은 다윗이 하나님을 신뢰하는 가운데 믿음으로 드린 찬양입니다. 여기에는 다윗의 체험이 담겨져 있습니다. 사람들은 자연과 삶을 노래하지만 정작 찬양받아 마땅한 분이신 하나님을 노래하지 않습니다. 그것은 그들에게 믿음이 없기 때문입니다. 다윗은 여호와께 찬양드릴 것을 요청합니다. 여호와는 천지를 창조한 주시요, 죄악에서 우리를 건져 주신 구원자이시기 때문입니다.

1. 부족함이 없습니다(1~3절).

다윗은 하나님께서 자신의 목자가 되심을 노래했습니다. "여호와는 나의 목자시니 내게 부족함이 없으리로다 그가 나를 푸른 풀밭에 누이시며 쉴 만한 물 가로 인도하시는도다"(1~2절). 다윗은 여호와께서 자신을 푸른 풀밭으로 인도해 주시는 목자시라는 사실을 발견하였습니다. 그는 하나님과 함께 동거하며 하나님의 생명양식을 얻었습니다.

하나님은 인간을 지으시고 행복을 누리도록 하셨습니다(창 2:8). 하나님이 만드신 에덴 동산은 만남과 안식과 자유와 평화가 있었습니다. 그곳에서 우리는 생명과 쉼을, 그리고 치료와 회복을 얻게 됩니다.

하나님이 세우신 동산은 다윗이 노래한 푸른 풀밭에서 그 의미를 찾을 수 있습니다. 다윗은 푸른 풀밭에서 하나님과 동거하며 쉼과 안식을 그리고 회복을 얻으며 하나님을 찬양하였던 것입니다.

말씀 읽기 롬 8:37~39

2. 염려와 두려움이 없습니다(4절).

사람이 염려와 두려움에 빠지면 성취 욕구를 상실하게 되며, 남들이 잘하는 것을 시기하고 질투하게 됩니다. 나아가 분열과 책임을 전가하여 패배주의를 갖게 됩니다.

하나님께서 함께하시지 않는 곳은 언제나 불안하며 평화가 없습니다. 하나님께서 지켜 주지 않는 목장은 살육만이 난무합니다. 사람들은 자기 힘으로 염려와 두려움을 이길 수 없습니다. 여호와 하나님을 목자로 삼지 않을 때 우리의 삶은 염려와 두려움만 있게 됩니다. 자녀들이, 부부관계가, 직장과 경제가 우리를 힘들게 하기 때문입니다.

그러나 다윗은 자신은 염려와 두려움이 없다고 고백합니다. 바로 그에게 목자 되신 여호와께서 함께하시기 때문입니다. 그는 하나님으로 인해 염려와 두려움으로부터 자유를 얻었습니다. 그는 사망의 음침한 골짜기에서도 생명의 풍요를 누렸습니다. 이것이 하나님께서 주시는 평안입니다.

말씀 읽기 수 1:6~9

3. 승리의 상을 받습니다(5~6절).

다윗이 사울을 피해 놉 땅으로 갔을 때 놉 제사장 아히멜렉이 다윗에게 진설병을 주었습니다(삼상 22:10~13). 다윗이 엔게디 광야 사건(삼상 24:1~7) 이후 사울에게 쫓기는 신세가 되었을 때, 다윗은 나발의 아내 아비가일로부터 많은 식량을 얻었습니다(삼상 25:18). 다윗이 굶주리고 지쳤을 때 하나님은 여러 환경 가운데서 그에게 풍성한 양식을 주셨습니다. 이것은 그가 하나님께 받은 믿음의 성찬이라 할 수 있습니다. 하나님은 다윗에게 풍성한 음식을 주셨습니다. 그것도 원수들이 보는 앞에서 진수성찬의 상을 베풀어 주신 것입니다. 패망하기를 바라고 있었던 원수들의 목전에서 베풀어 주신 하나님의 진수성찬은 다윗에게는 승리의 기쁨이, 원수들에게는 절망이 되었을 것입니다.

말씀 읽기 시 89:21~24

생각 나누기

01 다윗이 가졌던 하나님 중심 신앙과 우리의 신앙을 비교해 봅시다. 그에게서 얻을 수 있는 교훈은 무엇입니까?

02 하나님 안에서 느꼈던 평안과 안전을 나눠 봅시다.

03 하나님께서 목자가 되어 주신 결과가 삶에서 어떻게 나타날까요?

Date.

chapter 49

영적 승리의 비결

성경 | 수 1:10~18(p.320)

찬송 | 347(통382), 353(통391)

마음 열기

여호수아는 모세의 뒤를 이어 이스라엘 백성들을 가나안 땅으로 인도했습니다. 비록 아이성에서는 한 번 크게 실패했지만 그 이유가 죄 때문이었음을 깨달은 여호수아는 백성들과 함께 회개함으로써 남은 가나안 땅 정복을 성실히 수행할 수 있었습니다. 따라서 우리는 여호수아의 삶을 살펴보며 어떻게 영적생활에서 승리할 수 있을지 그 비결을 찾고자 합니다.

1. 준비해야 합니다.

무슨 일이든지 미리 준비할 때 성공할 수 있습니다. 미리 생각하고 준비하면 언어생활도 실수가 적을 것입니다. 미리 목표를 정하고 사전에 계획할 때 후회함이 없습니다. 우리의 영적생활도 동일합니다. 승리하기 위해서는 미리 영적생활을 준비해야 합니다.

하나님은 이스라엘 백성이 요단강을 건너기 전에 양식을 준비하게 하였습니다. 우리 역시 영적인 전쟁을 위해 영의 양식을 준비해야 합니다. 하나님의 말씀이 바로 영의 양식입니다. 이 말씀을 읽고 묵상함으로써 풍성한 영의 양식을 축적해야 합니다. 영의 양식을 잘 준비할 때 우리는 영적 전쟁에서 승리할 수 있습니다. 여호수아는 무작정 적을 향해 돌진 하지 않고 적의 상태를 파악하고 미리 준비함으로써 승리할 수 있었습니다.

말씀 읽기 신 8:3

2. 순종해야 합니다.

여호수아는 하나님의 명령을 받았을 때에 누구와도 의논하지 않았습니다. 오직 순종만이 있었습니다. 시편 기자는 "주의 계명들을 지키기에 신속히 하고 지체하지 아니하였나이다"(시 119:60)고 고백합니다. 하나님의 명령은 오직 신속한 순종만이 요구됩니다. 그렇다면 우리는 어떻게 순종해야 할까요?

1) 어떠한 경우에도 순종해야 합니다.

성경은 "요단이 곡식 거두는 시기에는 항상 언덕에 넘"(수 3:15)쳤다고 합니다. 3월 하순이 되면 요단 강이 넘쳐 위험한 시기가 됩니다. 이스라엘 백성들은 이처럼 어려운 환경에서도 하나님의 말씀에 순종했습니다. 더구나 그들은 요단 언덕에서 3일을 머물렀습니다(수 3:2). 적진 앞에서 3일을 기다린다고 하는 것은 인내가 필요한 답답하고 지루한 일입니다. 그렇지만 그들은 아무런 불평 없이 3일을 침묵하며 기다렸습니다. 어떠한 상황 가운데에서도 불평 없이 순종하는 것이 참된 승리의 비결입니다.

말씀 읽기 신 30:19~20

2) 하나님의 말씀을 기다리면서 순종해야 합니다.

이스라엘 백성들은 언약궤를 멘 레위 제사장 뒤를 따라가도록 명령을 받았습니다. 이 언약궤가 이스라엘 백성들이 광야생활을 할 때에는 이스라엘 백성들의 중앙에 있었습니다. 그들은 언약궤 위에 있는 구름기둥과 불기둥만을 보고 출발하였습니다. 그러나 이제는 구름기둥, 불기둥의 이적은 뒤로 물러가고 오직 하나님의 말씀만을 바라보며 따라가야 하는 새로운 시대가 열린 것입니다. 우리 역시 하나님의 말씀인 성경에 늘 우리의 눈을 고정시키며 말씀을 따라 순종해야 합니다. 이것이 영적 승리의 비결입니다.

말씀 읽기 삼상 15:22~23

3) 심히 무리한 일까지도 순종해야 합니다.

이스라엘 백성들은 요단강을 건넌 후에 할례 받는 일에 순종했습니다. 그들은 광야생활 40년간 할례 없는 백성이 되어 있었습니다. 하나님께서 그들의 조상 아브라함에게 명령하신 할례는 약속의 자손 됨을 의미합니다. 이것은 언약의 증표였습니다. 이제 가나안 땅을 약속의 기업으로 받은 자들이 된 그들은 할례가 필요하게 되었습니다. 문제는 이 할례를 적과의 전쟁을 앞둔 상황에서 시행해야 한다는 점입니다. 죽음을 각오하지 않고는 실행할 수 없는 어려운 문제입니다.

오늘날에는 사람들이 힘든 일은 하지 않으려 합니다. 하지만 우리 그리스도인들은 하나님이 명령하실 때 그것이 비록 힘들고 고될지라도 묵묵히 수행해야 할 것입니다. 그것이 우리에게 언제나 승리의 비결이 됩니다.

말씀 읽기 마 7:21~23

생각 나누기

01 우리는 영적 전쟁에 앞서 무엇을 준비해야 할까요? 필요 목록들을 서술하고 서로 이야기해 봅시다.

02 하나님께서 우리에게 요청하시는 순종은 어떤 것들이 있을까요?

03 인내와 때로 과감함이 필요한 순종은 어떤 것들이 있을까요?

Date.

chapter 50

하나님이 원하시는 교회

성경 | 빌 2:1~4(p.319)

찬송 | 210(통245), 208(통246)

마음 열기

성령께서 바울을 마게도니아 지방으로 인도하셨습니다. 첫 성인 빌립보에 도착했을 때 기도처소를 찾던 바울은 하나님을 경외하던 여인 루디아를 만나게 됩니다. 그리고 성령께서 루디아의 마음에 역사하셔서 루디아가 예수님을 영접하게 됩니다. 이 루디아를 통해 빌립보 지역에 교회가 세워지고 유럽에 복음이 전파되기 시작했습니다. 이렇게 세워진 교회는 부흥하여 하나님 보시기에 합당한 모습으로 성장해 나갔습니다. 그렇다면 하나님이 기뻐하시는 교회는 어떠한 모습을 가지고 있을까요?

1. 성도들 간에 마음을 같이 해야 합니다(2절).

사도 바울은 "마음을 같이 하라"고 권합니다(2절). 일을 해 나갈 때 서로 마음과 뜻이 맞아야 합니다. 중국의 옛말에 "마음을 같이 하는 친구 셋을 얻으면 천하를 얻을 수 있다"는 말이 있습니다. 세상의 일도 이렇다면 하나님께서 우리에게 맡기신 일을 잘 감당하기 위해서는 더욱더 마음이 하나가 되어야 합니다. 우리가 뜻을 하나로 합하는 것은 매우 중요합니다.

마음이 하나가 되기 위해서는 목적이 뚜렷이 서 있어야 합니다. 우리가 목적 없이 생활한다면 방황할 수밖에 없습니다. 우리의 목적은 오직 하나님을 영원토록 기뻐하면서 그에게 영광을 돌리는 것으로 삼아야 합니다. 이렇듯 한 목적으로 모일 때 하나가 될 수 있습니다.

120명의 성도가 마가의 다락방에 모여 힘을 합하여 기도했을 때 성령강림의 놀라운 역사가 일어났습니다. 120명의 합심기도가 세계 복음화의 첫 걸음이 된 것입니다. 우리가 모일 때마다 마음을 같이 한다면 하나님은 놀라운 역사를 허락하실 것입니다.

말씀 읽기 마 18:19

2. 성도들 간에 장점만을 보아야 합니다(3절).

남을 자기보다 낫게 여기는 겸손은 성도의 생활에서 맺혀야 하는 아름다운 열매입니다. 남을 자기보다 낫게 여김은 다른 사람의 재능을 인정해 주는 것입니다.

하나님은 우리에게 각각 다른 은사를 주셨습니다. 사도 바울은 사람의 몸을 비유해서 다양한 은사를 설명합니다. 눈과 귀와 입과 손이 맡은 역할이 다릅니다. 또한 우리 몸에는 여러 가지 기관이 있습니다. 숨을 쉬게 하는 허파가 있고, 피를 몸 구석구석에 공급해 주는 심장이 있으며, 음식물을 소화시키는 위장이 있습니다. 우리들도 마찬가지입니다. 우리 각자에게 하나님께서는 다른 은사를 주셨습니다. 성도들은 각각의 은사가 다르기 때문에 나에게 없는 다른 사람의 장점은 세우고, 약점은 감싸 줘야 합니다.

하나님의 교회는 결코 어느 한 사람 혹은 몇몇 특정한 사람과 어느 특정한 한 부서만으로 가능하지 않습니다. 다른 사람의 가치를 인정하며 격려하며 나아가야 합니다. 단점을 찾아내어 공격하는 것은 세상이 하는 일입니다. 성도들은 오히려 단점은 가려 주고 장점은 세워 줘야 합니다. 그럴 때 교회는 하나님이 기뻐하시는 교회로 든든히 서 갈 것입니다.

말씀 읽기 삼상 18:1~4

3. 성도들 간에 맡겨진 사명에 충실해야 합니다(4절).

사명에 충성한다는 의미는 먼저 자기 일을 하고 다음으로 다른 사람의 일을 돌보는 것입니다. 사람은 먼저 자기 자신에게 주어진 일을 잘 감당해야 합니다. 자기 일을 게을리 하는 것은 직무 유기입니다. 먼저는 자기 자신을 잘 다스리는 사람이 가정을 잘 다스릴 수 있고 가정을 잘 다스리는 사람이 천하를 다스릴 수 있습니다. 자기에게 주어진 일에도 충실하지 못하면서 다른 사람의 일에 참견하고 간섭하는 사람들은 남에게 비웃음거리밖에 되지 못합니다. 하지만 먼저 자기 일에 충실한 사람은 어디서든지 인정을 받게 됩니다.

우리는 이처럼 자기 일에 충실하고 다른 사람의 일도 잘 보살펴 주어야 합니다. 하나님은 "네 이웃 사랑하기를 네 자신과 같이 사랑하라"(레 19:18)고 하셨습니다. 이제 우리도 우리 자신에게서 다른 사람에게로 눈을 돌려야 합니다. 신앙이 연약하거나 낙심한 사람들을 위해 기도하고 그들을 믿음으로 권면해야 합니다. 그렇게 할 때 하나님의 교회는 더욱 견고해지고 아름다운 모습으로 성장할 것입니다.

말씀 읽기 계 2:10

생각 나누기

01 성도들이 한 마음이 되기 위해서 우리는 어떻게 해야 할까요?

02 다른 사람의 장점을 발견하고 그것을 세워 주기 위해서 어떻게 하면 좋을까요?

03 다른 사람들을 돌아보기 위해서 할 수 있는 일은 무엇이 있을까요?

Date.

chapter **51**

성도의 참된 자랑

성경 | 빌 3:1~21(p.321)

찬송 | 95(통82), 94(통102)

마음 열기

사람은 자기를 자랑하고자 하는 속성을 가지고 있습니다. 우리가 하나님의 자녀로서 생각해야 할 한 가지는 세상 사람과 자랑거리가 달라야 한다는 점입니다. 우리가 하나님의 자녀로서 해야 할 자랑거리는 무엇일까요? 바울은 하나님의 자녀로서 자랑해야 할 점들을 설명합니다.

1. 예수님을 아는 지식입니다.

바울은 대단한 학식을 가지고 있었습니다. 그는 어려서부터 당대 최고였던 가말리엘 문하에서 공부를 하였습니다. 그뿐 아니라 당시 세계 문화의 중심이었던 헬라 학문까지도 섭렵하고 있었습니다. 누구에게도 뒤지지 않는 지식인 자리에 있었습니다.

그러나 바울은 예수님을 만난 후 달라졌습니다. 이전에 자랑이 되었던 자신의 많은 학문과 지식을 배설물과 같이 여기고 오직 그리스도 예수를 아는 지식만을 자랑하고자 하였습니다(8절). 바울은 세상의 어떤 지식도 인간에게 참 생명을 줄 수 없다는 것을 알았습니다. 인간에게 구원을 줄 수 있는 지식은 오직 그리스도를 아는 지식뿐입니다.

그리스도를 아는 지식은 인간으로 하여금 죄로 인해 죽을 수밖에 없는 자신을 깨닫게 하며, 예수님을 구주로 영접하게 합니다. 이는 우리에게 생명을 가져다 줍니다. 세상의 지식은 우리에게 참 생명을 주지 못합니다. 오직 영원한 생명을 주는 것은 그리스도 예수를 아는 지식입니다.

말씀 읽기 엡 1:15~23

2. 하나님께로서 난 의입니다.

바울은 자신을 바리새인 중의 바리새인이요, 율법으로는 흠이 없으며, 하나님 앞에서 율법을 엄격히 지켜 도덕적으로도 흠이 없는 의인이라고 여겼습니다(빌 3:5~6). 그러나 다메섹 도상에서 예수님을 만나 후 바울은 지금까지 자신의 자랑이 잘못된 것임을 깨달았습니다. 그리고 그는 복음을 증언하는 일이 자신의 최상의 과제임을 깨달았습니다. 그는 과거 율법을 따르고 그 의를 추구하던 때 자신을 의롭다고 여겼던 것과는 다르게 자신을 '죄인 중에 괴수'(딤전 1:15)라고 고백했습니다. 그는 이제 예수 그리스도의 십자가를 믿는 믿음을 통해 하나님께 의롭다 인정함을 받은 의만을 자랑했습니다.

성경은 세상에 의인은 없다고 말씀합니다(롬 3:10). 율법의 행위로 하나님 앞에서 의롭다 하심을 얻을 수 있는 사람이 하나도 없기 때문입니다. 우리를 의롭게 한 것은 율법이 아니라 하나님의 사랑입니다. 이제는 세상을 향해 나의 의로움이 아니라 죄인인 나를 의롭게 하신 하나님께로서 난 의만을 자랑해야 할 것입니다.

말씀 읽기 롬 6:1~11

3. 하늘의 시민권입니다.

바울이 활동하던 당시는 로마가 전 세계를 지배하던 시대였습니다. 따라서 로마의 시민권은 사람들의 부러움을 사는 최고의 자랑이 되었습니다. 바울은 나면서부터 이 자랑스러운 로마 시민권을 지닐 수 있었습니다. 이것은 사람들이 볼 때 대단한 힘이었고 자랑이었습니다. 로마의 시민권을 갖고 있는 자는 어디서든지 대접을 받을 수 있었기 때문입니다.

그러나 바울은 더 큰 시민권이 있다고 말합니다. 그것은 바로 하늘의 시민권입니다(20절). 로마는 언젠가 이 땅에서 사라질 세상의 나라입니다. 그러나 하늘나라는 영원합니다. 그러니 세상 나라의 시민권이 아닌 하늘나라의 시민권을 자랑하는 것은 당연합니다.

우리는 어떤 시민권을 자랑스러워해야 할까요? 하나님이 다스리시는 하늘나라야 말로 영원합니다. 그 나라의 시민권은 썩지 아니할 영원한 자랑이 됩니다. 그러므로 우리는 이 세상의 어려움에 낙심할 필요가 없습니다. 우리의 시민권은 하늘나라에 있습니다. 영원한 하늘나라를 바라보며 믿음으로 담대히 승리해야 할 것입니다.

말씀 읽기 벧후 3:1~13

생각 나누기

01 오늘 우리가 자랑해야 할 최고의 지식은 무엇일까요?

02 우리는 언제 하나님나라를 자랑하고 기뻐합니까?

03 하늘의 시민권이 자랑스러운 이유는 무엇일까요?

Date.

chapter 52

착하고 충성된 종

성경 | 마 25:14~26(p.43)

찬송 | 501(통255), 595(통372)

마음 열기

종이란 주인에게 예속되어 있어 자신의 의사를 표현할 수 없는 존재입니다. 본문은 그 중에도 착하고 충성된 종과 악하고 게으른 종이 있다고 설명합니다. 그렇다면 하나님께서 인정하시는 착하고 충성된 종은 어떤 종일까요? 본문을 통해 확인하고자 합니다.

1. 자기 존재를 인식해야 합니다.

하나님은 모든 만물의 창조자이시며 우리는 그의 피조물입니다. 그러하기에 우리는 창조자에게 소속된 종이라 고백합니다. 그뿐 아니라 예수님은 죄인 된 우리를 십자가의 피로 사셨습니다(고전 6:20; 엡 1:7). 예수님은 우리를 위해 죽으심으로써 우리를 구속하셨던 것입니다. 그렇기 때문에 우리는 예수 그리스도의 것이요, 그의 종이라고 고백하게 됩니다.

종은 어디까지나 주인을 위해 존재합니다. 자신이 종임을 인식하지 못할 때 그는 자신의 욕심만을 좇아서 살아갑니다. 그러나 성도인 우리는 예수 그리스도가 우리의 주인이시라는 사실을 바로 인식함으로써 주께서 쓰시기에 합당한 종으로 살아야 할 것입니다. 사도 바울은 부활하신 예수님을 만난 이후 자신이 그의 종 됨을 늘 인식하고 주를 위해 살아 하나님께 큰 영광을 돌렸습니다(롬 1:1).

말씀 읽기 엡 1:7

2. 주인의 뜻을 올바르게 분별해야 합니다.

우리가 진정 예수 그리스도의 종임을 인식했다면, 이제 주님께 기쁨을 주는 존재가 되어야 합니다. 그러기 위해 우리는 주인의 뜻을 바로 알고 그의 뜻을 좇아 살아야 합니다.

주인의 뜻과 달리 우리의 뜻에 따라 행동하게 된다면 당연히 책망받게 될 것입니다. 주인의 뜻을 알지 못했기 때문입니다. 성도들 역시 나를 향한 주의 거룩하신 뜻이 무엇인지 잘 파악해서 실천해야 합니다(롬 12:2). 다섯 달란트 받은 자와 두 달란트 받은 자는 주인의 뜻을 헤아려 장사함으로 이윤을 남겼습니다.

말씀 읽기 롬 12:2

3. 자신의 직분에 충성해야 합니다.

본문을 통해 볼 때 종들이 받은 달란트에 차이가 있음을 볼 수 있습니다. 주님은 성도들에게 동일한 재능을 주시지 않았습니다. 주인이 종에게 달란트를 차별해서 주었듯이 주님도 우리에게 각자에게 맞는 달란트를 주셨습니다. 하지만 이 달란트는 얼마나 가졌느냐가 중요하지 않습니다. 이것은 오직 주님의 뜻에 달려 있습니다.

우리는 토기와 같습니다. 토기가 토기장이에게 왜 나를 이렇게 만들었냐고 반문할 수 없습니다. 토기장이는 필요에 따라 만든 것이기 때문입니다. 우리도 무슨 재능을 가지고 있느냐가 중요하지 않습니다. 문제는 그것을 어떻게 활용하느냐 하는 것입니다. 우리는 하나님께서 주신 재능을 소홀히 여긴다면 분명 하나님은 그 재능을 거둬 가실 것입니다. 우리는 다만 받은 달란트로 최선을 다해야 합니다. 다섯 달란트와 두 달란트 받은 자들은 열심히 장사해서 각각의 달란트를 남겼습니다. 주인은 모두 동일하게 칭찬하였습니다. 이를 통해 알 수 있는 사실은 재능의 많고 적음이 문제가 아니라 얼마나 맡겨진 일에 최선을 다했느냐 하는 것임을 다시 한 번 확인할 수 있습니다.

말씀 읽기 히 3:5~6

생각 나누기

01 주님의 뜻을 바르게 분별하여 그 뜻대로 살고 있는지 각자 이야기를 나눠 봅시다.

02 주의 말씀을 어떻게 읽고 분별하고 있는지, 혹은 어떤 어려움이

있는지 나눠 봅시다.

03 다른 성도들의 달란트를 부러워하지는 않았는지 각자 돌아보며 하나님께서 기뻐하시는 달란트 활용법은 무엇인지 이야기해 봅시다.

예수사랑 교재

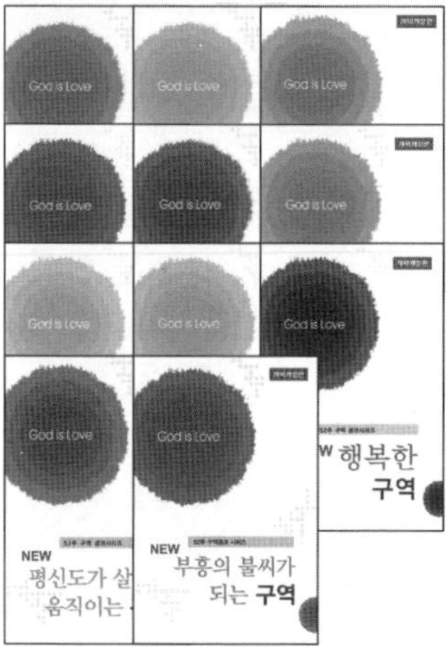

52주 구역공과 시리즈

NEW 아름다운 구역
NEW 열매맺는 구역
NEW 전도하는 구역
NEW 교회를 세우는 구역
NEW 은혜로운 구역
NEW 충성하는 구역
NEW 부흥하는 구역
NEW 행복한 구역
NEW 평신도가 살아서 움직이는 구역
NEW 부흥의 불씨가 되는 구역

자성구 구역공과 시리즈

자기주도적 성장하는 구역(상반기 26주)
자기주도적 성장하는 구역(하반기 26주)

52주 신바람 구역공과 시리즈

제자로 세우는 구역 1, 2, 3, 4

은혜출판사 베스트셀러

정말 지옥은 있습니다

메어리 K 백스터 지음 | 256면 | 13,000원

지옥은 분명히 있으며 지옥으로 간 후에는 아무리 뉘우쳐도 그곳을 벗어날 수 없다고 성경에는 기록되어 있다. 이 책에는 지옥에 대한 실상과 위치, 그리고 천국의 영광들이 자세하게 서로 비교되어 있다. 이 책을 읽음으로써 영혼구원이 얼마나 중요한가를 깨닫게 될 것이다.

정말 천국은 있습니다

메어리 K 백스터 지음 | 200면 | 11,000원

이 책은 천국에서 우리를 위해 준비하시는 하나님의 역사를 부분적으로나마 그녀에게 보여주시는 놀라운 경험을 글로 옮긴 책이다. 믿음의 역사가 한층 더해질 천국의 체험을 느낄 수 있을 것이다. 또한 천국에 대해 알고 싶으신 분이나 나은 전도를 원하시는 분들께 큰 도움을 줄 것이나.

정말 천사는 있습니다

메어리 K 백스터 지음 | 280면 | 13,000원

그동안 천사에 대하여 무관심했던 기독교인들에게 새로운 영안을 갖게 한다. 성경에서는 천사가 하나님 나라의 특사 또는 종으로 기록되어 있다. 이 책에서 메어리 k. 백스터는 성경적 가르침과 자신의 경험을 결합시켜 독자들에게 천사의 사역에 대하여 생각하게 하고 영안을 갖게 한다.

빛과 어둠의 영적 전쟁

릭 조이너 지음 | 256면 | 13,000원

이 책은 마치 천로역정에서 "기독도"가 어려움을 당할 때마다 좋은 충고자를 만나 새로운 용기와 기쁨을 가지고 고난의 관문을 통과하여 앞으로 전진하는 것처럼 읽는 독자로 하여금 책속의 주인공처럼 하나님의 끝없는 은총을 체험하게 될 것이다.

아름다운 삶 시리즈 1

아름다운 믿음생활

초판 2020년 10월 26일

지은이 정준모
펴낸이 장현덕
펴낸곳 도서출판 예수사랑 (Grace 은혜출판사)

주소 서울 종로구 종로65길 12-10
전화 (02) 744-4029 팩스 744-6578
출판등록 제 1-618호(1988. 1. 7)

값 8,000원

ISBN 978-89-7917-084-9 04230
ISBN 978-89-7917-109-9 04230 (세트)

「이 도서의 국립중앙도서관 출판예정도서목록(CIP)은 서지정보유통지원시스템 홈페이지(http://seoji.nl.go.kr)와 국가자료종합목록 구축시스템(http://kolis-net.nl.go.kr)에서 이용하실 수 있습니다.(CIP제어번호 : CIP2020044001)」